New Guide to the Government Affairs Etiquette

《现代礼仪》丛书·电视课程配套教材

金正昆 > 编著

政务礼仪

北京大学出版社
PEKING UNIVERSITY PRESS

图书在版编目（CIP）数据

政务礼仪/金正昆编著. —北京：北京大学出版社，2005.8

东方燕园培训书系·《现代礼仪》丛书

ISBN 978-7-301-09366-5/G·1566

Ⅰ. 政… Ⅱ. 金… Ⅲ. 国家机关工作人员—礼仪—中国 Ⅳ. D630.3

中国版本图书馆 CIP 数据核字（2005）第 079925 号

书　　　名：政务礼仪
著作责任者：金正昆　编著
责 任 编 辑：文白雁
标 准 书 号：ISBN 978-7-301-09366-5/G·1566
出 版 发 行：北京大学出版社
地　　　址：北京市海淀区中关村北京大学校内　100871
网　　　址：http://cbs.pku.edu.cn
电　　　话：邮购部：62752015　62754450　发行部：62754623　62750672
　　　　　　编辑部：62752825
电 子 信 箱：em@pup.pku.edu.cn
排 　版 　者：北京天舒文化公司
印 　刷 　者：北京人卫印刷厂
经 　销 　者：新华书店
　　　　　　787 毫米×1000 毫米　16 开本　18 印张　332 千字
　　　　　　2005 年 8 月第 1 版　　2012 年 2 月第 6 次印刷
定　　　价：36.00 元

未经许可，不得以任何方式复制或抄袭本书之部分或全部内容。

东方燕园培训书系专家委员会

主　　任	刘　伟
副 主 任	雎国余　金正昆　卢存岳　于宏钧
委　　员	张燕生　周孝正　崔建华　黄桂田
	邓荣霖　刘红松　张玫玫　张　利
	章　政　高贤峰　严　冰　康　宁
总 顾 问	萧灼基　郑学益

培 训 书 系 编 委 会

主　　编	张文定　于宏钧　邹群柱　侯书森
执行主编	高博厚　李　东　文白雁
编　　委	张　涛　李卫东　王　原　姜艳娥
	耿建柱　贺永霞　侯艳华　崔素萍

序　言

　　人生一世，必须交际。任何一个正常人如果打算完全回避人际交往，都是绝对不可能的。

　　进行交际，需要规则。没有规则，人际交往难免各行其是，难以沟通，难以修成正果。

　　所谓礼仪，即人际交往的基本规则，是人际交往的行为秩序。其具民族性、地域性和国别性。随国际交融的普势化，礼仪亦日益显其普认性特质。这是人类文明时代性指征。作为社会群落分子的每个人，立足现世尤必具备礼仪和法律两大行为律则。然礼仪侧于道德层面，而法律则重于惩戒层面，亦即前者重自律，后者重他律。

　　"礼"的含义是尊重。孔子云："礼者，敬人也。"从本质上讲，"礼"是一项做人的基本道德标准。"礼"所规范的是一个人对待自己、对待别人、对待社会的基本态度。"礼"的基本要求是：每一个人都必须尊重自己、尊重别人，并尊重社会。

　　每一位现代人都应该尊重自己。一个人不尊重自己，就不会获得别人的尊重。尊重自己的具体要求是：首先，要尊重自身；其次，要尊重自己所从事的职业；最后，则要尊重自己所在的单位。

　　每一位现代人都应该尊重别人。因为"来而不往，非礼也。"一个人不尊重别人，就难以得到对方的尊重。尊重别人，具体要求往往有所不同：尊重上级，是一种天职；尊重同事，是一种本分；尊重下级，是一种美德；尊重客户，是一种常识；尊重对手，是一种风度；尊重所有人，则是一种做人所应具备的基本教养。

　　每一位现代人都应该尊重社会。马克思说过：人是社会关系的总和。每一个人都生活于社会。尊重社会，将美化人类自身的生存环境，并有助于人类的最优化发展。尊重社会的具体要求是：首先，要讲究公德；其次，要维护秩序；再次，要保护环境；最后，则要爱国守法。

　　"仪"的含义则是规范的表达形式。任何"礼"的基本道德要求，都必须借助于规范的、具有可操作特征的"仪"，才能恰到好处地得以表现。就礼仪而言，没有"礼"，便不需要"仪"；没有"仪"，则又难以见识何者为"礼"。

简而言之，所谓礼仪，就是人们用于表现尊重的各种规范的、可操作的具体形式，它普遍适用于各种各样的人际交往；亦人际交往的基本规则。

在现代生活中，人们所讲究的自然是现代礼仪。一般而论，现代礼仪通常具有以下四个基本特征：

其一，普遍性。在任何国家、任何场合、任何人际交往中，人们都必须自觉地遵守礼仪。

其二，规范性。讲究礼仪，必须采用标准化的表现形式，才会获得广泛认可。

其三，对象性。在面对各自不同的交往对象，或在不同领域内进行不同类型的人际交往时，往往需要讲究不同类型的礼仪。

其四，可操作性。在具体运用礼仪时，"有所为"与"有所不为"都有各自具体的、明确的、可操作的方式与方法。

孔子常言："不学礼，无以立。"在现代生活中，礼仪依旧是每一位现代人不可或缺的基本素养。

学习现代礼仪，首先可以内强素质。在人际交往中，有道德才能高尚，讲礼仪方算文明。学习礼仪，讲究礼仪，无疑会使人们提高自己的内在素质。

学习现代礼仪，其次可以外塑形象。现代礼仪讲究尊重，强调沟通，重视认知，力求互动。得法地运用礼仪，不仅会令自己更易于被他人所接受，而且还会有助于维护自身乃至所在工作单位的良好形象。

学习现代礼仪，最后还可以增进交往。目前，人们已经普遍意识到：在现代社会中要成功、要发展，不但需要智商，而且需要情商。所谓情商，外在表现为一个人的心态如何，内在的本质则是一个人与其他人进行合作的能力。掌握现代礼仪，自然有助于使自己更好地与他人进行合作，并且进而令自己成为受欢迎的人。

作为一名现代人，不学礼，则不知礼。不知礼，则必失礼。

作为一名现代人，不守礼，则会被他人视为不讲礼。在现代社会中，一个人若被他人视为不讲礼，则往往无人理！

现代生活已经告诫人们：有礼走遍天下，无礼寸步难行。

现代生活已经提醒人们：必须学礼、知礼、守礼、讲礼，必须时时处处彬彬有礼。

金正昆
2005 年 5 月 1 日于北京寓所

目　　录

第一章　政务礼仪概述

一、政务礼仪的形成与发展 ……………………………………… 3
　（一）政务礼仪的涵义 …………………………………………… 3
　（二）政务礼仪的形成 …………………………………………… 4
　（三）政务礼仪的发展 …………………………………………… 7

二、政务礼仪的特征与原则 ……………………………………… 8
　（一）政务礼仪的特征 …………………………………………… 8
　（二）政务礼仪的原则 …………………………………………… 9

三、政务礼仪的功能与运用 ……………………………………… 11
　（一）政务礼仪的功能 …………………………………………… 11
　（二）政务礼仪的学习 …………………………………………… 14

第二章　形象礼仪

一、着　装 ………………………………………………………… 19
　（一）应　时 ……………………………………………………… 19
　（二）应　景 ……………………………………………………… 21
　（三）应　己 ……………………………………………………… 22
　（四）应　制 ……………………………………………………… 23
　（五）着装禁忌 …………………………………………………… 24

二、妆　饰 ………………………………………………………… 28
　（一）淡妆上岗 …………………………………………………… 28

　　（二）化妆的原则 ……………………………………………… 30
　　（三）化妆的风格 ……………………………………………… 31
　　（四）饰物的佩戴 ……………………………………………… 32

三、修　饰 ……………………………………………………… 34
　　（一）修饰的意义 ……………………………………………… 34
　　（二）修饰的原则 ……………………………………………… 36
　　（三）头发的修剪 ……………………………………………… 38
　　（四）面部的修饰 ……………………………………………… 40
　　（五）手部的洁净 ……………………………………………… 43

四、举　止 ……………………………………………………… 44
　　（一）规　范 …………………………………………………… 45
　　（二）手　势 …………………………………………………… 48
　　（三）坐　姿 …………………………………………………… 50
　　（四）站　姿 …………………………………………………… 52
　　（五）行　姿 …………………………………………………… 53

第三章　办公与汇报的礼仪

一、办　公 ……………………………………………………… 57
　　（一）忠于职守 ………………………………………………… 58
　　（二）沟通上下 ………………………………………………… 60
　　（三）规范语言 ………………………………………………… 63
　　（四）维护环境 ………………………………………………… 64

二、汇　报 ……………………………………………………… 66
　　（一）区别对象 ………………………………………………… 66
　　（二）形式适当 ………………………………………………… 68
　　（三）把握时机 ………………………………………………… 69
　　（四）充实内容 ………………………………………………… 70
　　（五）向上级汇报 ……………………………………………… 74

目 录

（六）听取下级汇报 ··· 75

第四章　会议与庆典的礼仪

一、会　议 ··· 79
（一）会议的组织 ··· 79
（二）会风的改进 ··· 81
（三）程序的规范 ··· 83
（四）座次的排列 ··· 86
（五）纪律的遵守 ··· 90
（六）与会的要求 ··· 92

二、庆　典 ··· 95
（一）庆典的类型 ··· 95
（二）庆典的原则 ··· 97
（三）庆典的规范 ··· 98
（四）庆典的参加 ··· 100

三、表彰会 ··· 103
（一）表彰会的类型 ·· 103
（二）表彰会的准备 ·· 105
（三）表彰会中的颁奖 ··· 106
（四）表彰会的气氛 ·· 108
（五）表彰会的注意事项 ·· 109

四、新闻发布会 ·· 110
（一）新闻发布会的原则 ·· 110
（二）新闻发布会的筹备 ·· 112
（三）媒体的应对 ··· 115
（四）现场的应酬 ··· 117
（五）善后性事务 ··· 119

第五章 公文、电话与网络的礼仪

一、公 文 123
 （一）公文的分类 123
 （二）公文的撰写 126
 （三）公文的行文 129
 （四）公文的办理 133

二、电 话 134
 （一）电话形象 134
 （二）电话语言 137
 （三）拨打电话 138
 （四）接听电话 139
 （五）代接电话 140
 （六）移动电话 142

三、条 据 144
 （一）条据的基本要求 145
 （二）凭据性条据 146
 （三）说明性条据 149

四、网 络 152
 （一）网络的作用 152
 （二）网络的规则 154
 （三）上网查阅资料 156
 （四）收发电子邮件 158

目 录

第六章 日常文书的礼仪

一、邀请函、欢迎词与答谢词 …………………………… 161
    （一）邀请函 ………………………………………… 161
    （二）欢迎词 ………………………………………… 163
    （三）答谢词 ………………………………………… 165

二、祝酒词、贺词与题词 ………………………………… 167
    （一）祝酒词 ………………………………………… 167
    （二）贺　词 ………………………………………… 169
    （三）题　词 ………………………………………… 171

三、表扬信、感谢信与慰问信 …………………………… 173
    （一）表扬信 ………………………………………… 173
    （二）感谢信 ………………………………………… 174
    （三）慰问信 ………………………………………… 175

第七章 调研、慰问与信访中的礼仪

一、调　研 ………………………………………………… 179
    （一）调研概说 ……………………………………… 179
    （二）调研的程序 …………………………………… 181
    （三）调研的原则 …………………………………… 183
    （四）调研的方法 …………………………………… 185

二、慰　问 ………………………………………………… 190
    （一）慰问的类型 …………………………………… 190
    （二）慰问的对象 …………………………………… 193
    （三）慰问的方式 …………………………………… 194
    （四）不当的行为 …………………………………… 196

三、信 访 ··· 199
(一) 信访的功能 ·· 199
(二) 信访的原则 ·· 202
(三) 信访的制度 ·· 204
(四) 信访工作者的职责 ·· 206
(五) 群众来信的处理 ··· 208
(六) 群众来访的接待 ··· 209

第八章　迎送的礼仪

一、迎 宾 ··· 213
(一) 迎宾活动的内容 ··· 213
(二) 迎宾人员的挑选 ··· 215
(三) 迎宾活动的操作 ··· 216
(四) 迎宾活动的程序 ··· 218

二、送 别 ··· 220
(一) 送别的程序 ·· 220
(二) 道别 ·· 221
(三) 话别 ·· 222
(四) 饯别 ·· 224

第九章　国旗、国徽、国歌礼仪

一、国 旗 ··· 227
(一) 代表国家 ··· 227
(二) 尊重国旗 ··· 229
(三) 升降的要求 ·· 230
(四) 排序的规范 ·· 234
(五) 升挂外国国旗惯例 ·· 239

二、国徽 242
（一）象征国家 242
（二）使用的规定 244
（三）维护国徽的尊严 247

三、国歌 250
（一）了解国歌 251
（二）奏唱国歌 253
（三）尊重国歌 256

第十章　民族与宗教礼仪

一、民族 259
（一）民族与民族礼仪 259
（二）民族平等的原则 261
（三）加强民族团结 262
（四）倡导民族互助 264
（五）尊重民族习俗 265

二、宗教 266
（一）宗教与宗教礼仪 267
（二）尊重宗教礼俗 268
（三）合乎法律规定 270

后记 273

第 1 章

政务礼仪概述

政务礼仪,又称公务礼仪,它是公务员在从事公务活动、执行国家公务时所必须遵守的礼仪规范。

政务礼仪属于社会礼仪,但有其特定的适应范围,即适用于从事公务活动、执行国家公务的公务员。政务礼仪具有鲜明的强制性特点,它要求公务员在执行国家公务时必须严格遵守。

政务礼仪的核心是要求公务员真正自觉地恪守职责,勤于政务,廉洁奉公,忠于国家,忠于人民,严格要求自己,规范自己在公务活动中的行为。其根本目的是提高整个国家行政机关的工作效率,维护国家行政机关的形象和个人形象。每一名公务员在履行职责、执行公务时,都必须自觉地遵守政务礼仪。

本章要点

您应该记住的 5 个基本点

☐ 政务礼仪是礼仪的一个重要组成部分，但与其他礼仪相比，又有着自己特有的原则和特征。规范性、系统性、严肃性是政务礼仪的基本特征。

☐ 政务礼仪的基本功能是：有助于塑造政府的良好形象，有助于协调政府与公众的关系，有助于强化公务员自身建设。

☐ 政务礼仪的基本原则是：注意自律，认真细心，待人以诚，礼敬对方，掌控适度。

☐ 政务礼仪的主旨，是要求全体公务员自觉地忠于职守，勤于政务，廉洁奉公，忠于祖国和人民，提高工作效率，维护政府形象，以求更好地服务于人民、社会及我国的社会主义现代化事业。

☐ 学习政务礼仪的方法，一是联系实际，注重实践；二是循序渐进，有主有次；三是自我监督，时刻自省；四是多头并进，抓住重点。

第一章 政务礼仪概述

一、政务礼仪的形成与发展

> 政务礼仪是社会文明进步的产物,是随着人类社会的历史发展而逐步形成、发展并完善起来的,是一个历史范畴。政务礼仪在世代相传的过程中,随着社会环境和生活形态的变化而不断得以丰富和发展。政务礼仪主要是针对公务员的,是公务员必须了解并必须掌握的礼仪。

(一)政务礼仪的涵义

公务员在行使职责时,必须无一例外地严守政务礼仪。政务的含意,乃是行使国家权力和管理的职能。因此,遵守政务礼仪的目的,就是要树立国家行政机关的形象和权威,促使公务员更好地履行自己的职责。

什么是政务礼仪?

所谓政务礼仪,通常是指公务员在行使自己的职责时所应当遵守的礼仪规范。有时,它亦称公务礼仪。在公务员所须掌握的礼仪规范之中,政务礼仪乃是重中之重的核心部分。

与公务员所须遵守的其他礼仪相比,政务礼仪具有明显的规范性和强制性。

政务礼仪 zhengwuliyi

这表明：国家公务员在遵循、运用政务礼仪时，既要标准，又要严格。

政务礼仪的主旨，是要求全体公务员自觉地恪尽职守，勤于政务，廉洁奉公，忠于祖国，忠于人民，提高工作效率，维护政府形象，以求更好地服务于人民，服务于社会，服务于我国的社会主义现代化建设事业。

遵守、应用政务礼仪，要求广大公务员从自己做起，从身边做起，从小事做起，从现在做起，并且还应当力求严肃认真，一丝不苟。

同时，政务礼仪具有自己特定的适用对象与适用范围。它的适用对象，是每一名正式在职的公务员，也包括参照公务员管理的党政、军队、社会团体和有关事业单位的工作人员。它的适用范围，是在于公务员或相关人员正式履行自己的职责之际。离开了特定的适用对象或适用范围而滥用政务礼仪，都是不恰当的。

（二）政务礼仪的形成

我国政务礼仪的形成历史悠久，可以追溯到公元前21世纪至公元前15世纪的夏代。其时正是中国原始社会末期向早期奴隶社会过渡、尊神活动开始升温的特殊的历史时期。

我国古代政务礼仪的发展阶段
△ 奴隶制政务礼仪阶段
△ 封建制政务礼仪阶段
△ 近代政务礼仪阶段

◆ 奴隶制政务礼仪阶段
（公元前21世纪—公元前771年）

周朝周武王的兄弟、辅佐周成王的周公，为规范国家大典及一些重要活动中人们、尤其是官员的行为和仪式程序，特制作礼乐，将人们的行为、举止、心理情感及操守等都纳入尊卑有序的模式之中。《周礼》是中国流传至今的第一部礼仪专著。《周礼》又名《周官》，它原本是一官职表，后整理为周朝典章制度的

第一章 政务礼仪概述

书，共六篇。主要包括六类官名及职权。现存五篇，第六篇用《考工记》弥补。

其中，特别对国家官员的着装、使用的器物、举行重大活动仪式的规格按不同等级做了相应的规定。

西周时期，青铜礼器是个人身份的象征。礼器多寡代表身份地位的高低，形制大小显示权力等级，贵族佩带成组饰玉。

为了维护奴隶主的统治，奴隶主贵族将原始的宗教仪式发展成适应等级森严的政治制度所需要的礼制。至此，奴隶制政务礼仪基本形成。

在这一阶段中，礼的内容主要体现在《周礼》中的"五礼"部分。所谓"五礼"，是指"吉礼"、"凶礼"、"宾礼"、"军礼"、"嘉礼"。这是对我国古代礼仪的总结汇编。其中，既有反映人与天地鬼神关系的祭祀之礼，又有反映人际关系的家族、亲友、君臣之间的交际之礼。此外，还有表现人生历程的冠、婚、丧、葬等诸礼。这些礼仪内容，对后世人们的行为规范、人际交往以及社会公德的形成，尤其是对后世政务礼仪的形成，都产生了极大而深远的影响。

◆ **封建制政务礼仪阶段**

（公元前 771 年——公元 1911 年）

这一阶段，主要是指从儒学的产生，到以儒学为基础的封建礼仪的形成、强化和衰落时期。政务礼仪的内容被儒家继承下来并将礼仪伦理道德化，继而形成了儒家学派的核心"礼教"。儒家"礼教"伴随着中国封建社会的始终，一直影响着中国文化。

在封建制礼仪阶段，政务礼仪的明显特征，就是把人们的行为纳入封建道德的轨道。其繁文缛节的形式，表现了封建伦理道德的巨大约束力。在"修身、齐家、治国、平天下"的背后，融国家法权与道德修养于一体，要求人们追求修己之道，听命于统治阶级的治人之政，以求得封建统治阶级的天下太平；把人们教化成"非礼勿视，非礼勿听，非礼勿言，非礼勿动"的精神奴隶。礼教文化是这一时期礼的核心和基本内容。礼教文化的根本思想，就是"天地君亲师"。它教

政务礼仪 zhengwuliyi

人去服从,即服从天地的法则,服从君王的统治,服从祖先的训诫,服从先师的教诲。

在社会生活中,真正对人起约束作用的还是封建社会的纲常名教,即按人的社会地位和等级所规定的必须遵守的道德法则,其中就包括"三纲五常"。所谓"三纲",就是君为臣纲、父为子纲、夫为妻纲;所谓"五常",就是仁、义、礼、智、信五常。从"三纲五常"中,又引申出君贤臣忠、父慈子孝、兄友弟恭、夫唱妇随、朋信友诚,概括为忠、孝、节、义。这些道德法则细化为具体的行为规范,就形成了较为系统的封建社会的政务礼仪。这些礼仪内容,对维护封建统治和宗法制度,巩固封建秩序,都起到了非常重要的作用。

封建礼教中有糟粕,当然也有其合理的积极因素。因此,需要用历史的、辩证的观点来对待,既要"放弃"糟粕,又要继承和发扬优良的传统礼仪。

◆ 近代政务礼仪阶段
（1911年—1949年）

1911年辛亥革命的胜利,结束了统治中国两千多年的封建专制制度,政治制度发生了根本的变革,新的礼仪礼俗也就随之出现。尤其西方启蒙意识和思想的引入,是时,中国社会广泛掀起了改革封建礼教的热潮,强烈要求革除维护尊卑等级的陈旧落后礼仪,倡导既便于人们相互交往,又能体现相互尊重的新礼仪。

这一时期的政务礼仪,体现了近代民主、自由、平等的原则。于是,资产阶级的平等思想、文化习俗和审美观念,开始渗透到社会生活的各个方面;人们的思想得到了解放,积极地提倡新的习俗、新的礼仪。

在政务礼仪内容上,近代礼仪既消除了封建社会的种种陈规陋习,又采取了一系列废除旧礼仪的措施,如限期剪辫、否定缠足、保障人权、严禁鸦片、改变称呼、废止跪拜等,同时还拟订了新的国家礼制和民间礼制,实行了新礼仪,如鞠躬、请安、握手、鼓掌等。这些变化,反映了近代政务礼仪已开始趋向简单化和规范化。

第一章 政务礼仪概述

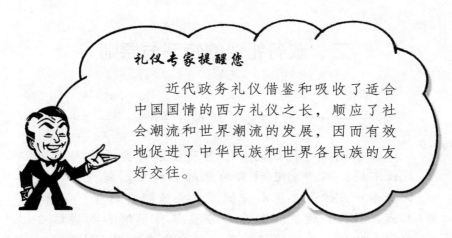

礼仪专家提醒您

近代政务礼仪借鉴和吸收了适合中国国情的西方礼仪之长,顺应了社会潮流和世界潮流的发展,因而有效地促进了中华民族和世界各民族的友好交往。

(三)政务礼仪的发展

1949年10月1日新中国成立后,新型的社会关系和人际关系的确立,标志着我国政务礼仪进入了一个崭新的历史时期,即人民当家做主成为国家的主人,由此而倡导和建立起来的平等、友善而亲密的同志式关系和新的礼仪风范,表现出了崭新的社会关系和时代风貌。

政务礼仪是社会发展和进步的产物,是一个历史的范畴。人类社会的礼仪在世代相传的同时,还随着社会生产环境、生存环境和生活形态的变化而不断得以丰富和发展。中国是具有悠久文化的文明古国,很早就形成了比较系统、完备的礼仪规范,因此,中国作为礼仪之邦著称于世。纵观绵延数千年的中国礼仪演变中,不难发现,礼仪的演变史,从某种程度上体现和代表了中国的文明史。历朝历代,随着社会制度的革故鼎新,从维护统治阶级的利益出发,人们对礼仪规范不断进行着补充、完善,使之逐步丰富和发展。

随着时代的变革以及社会物质文明和精神文明建设事业的发展,尤其在我国日益强调政治文明的现时,能反映社会形态巨大变革和社会文明程度的政务礼仪,也会不断地得以完善,这是历史发展的必然。我国的政务礼仪,正是遵循这一历史轨迹而逐步形成和发展起来的。社会主义新的经济体制的建立,标志着我国礼仪制度、民俗文化的完善与改革,进入了一个崭新的发展阶段。

二、政务礼仪的特征与原则

政务礼仪是礼仪的一个重要组成部分。它与其他礼仪不同，有着自己特有的原则和特征。规范性、系统性和严肃性是其基本特征，主要原则有自律、认真、真诚、敬人和适度。国家公务员只有了解和把握这些原则和特征，才能保证政务礼仪在实践中得于应用。

（一）政务礼仪的特征

规范性、系统性、严肃性是政务礼仪的三大特征。

◆ 规范性

规范性是政务礼仪的首要特征。为什么讲规范？讲不讲规范，就是专业不专业的问题；讲不讲规范，就是正规不正规的问题；是个人素质高低问题；是政府行为有没有规矩的问题。没有规矩，不成方圆。所以公务员礼仪、政府礼仪再三

第一章 政务礼仪概述

再四强调规范性。当然,讲适用范围是讲政府礼仪,讲适用对象是讲公务员礼仪,现在上升到一个更高的层次,叫政务礼仪。政务礼仪规范性是第一特征。

◈ 系统性

政务礼仪强调它的系统性。任何一个政府都要讲规矩,各国政府概莫能外。讲不讲规矩,实际上是跟它的形象有关的,是和它的权威有关的,也是和操作是否容易有关的。那么政务礼仪的一大基本特征就是它的系统性。

系统性是从规范性引申出来的,没有系统就难以规范;有了规范不系统也会造成混乱,导致规范最后成为了不规范。所以,规范性和系统性是政务礼仪最重要的特征。

◈ 严肃性

政务礼仪另外一个非常明显的特征就是严肃性。我们一直强调政府是有权威的,政府没有权威,难以确保政令、政纪的严格执行。故,政务礼仪的制定和操作不仅要有严肃的系统的规定,而且在执行政务礼仪时,还需强调严肃性。所以政务礼仪不同于一般礼仪的非常明显的一个特点就是它的严肃性。公务员不是普通百姓,执行政务礼仪做不到是要受处罚的,做不到属于违规违纪行为,所以这个问题是不能开玩笑的,是绝对不予妥协的。严肃性是政务礼仪不同于其他礼仪的一个重要特征。

◈ 与一般礼仪的区别

政务礼仪和一般礼仪是有着明显区别的,其中除了规范性、系统性、严肃性这三大本质特征之外,政务礼仪和其他礼仪最主要的区别,就是强调适用范围不同,适用对象不同。十里不同风,百里不同俗。人站的角度不一样,想的事情不一样。政务礼仪是为了使我们公务员在执行公务时,更加有效地、更加规范地执行公务,所以它是有行业差别、有对象差别的。

(二)政务礼仪的原则

政务礼仪的特征,要求其实施过程中必须遵循一定的原则,以保证政务礼仪的各种规定要求被严格落实和执行。

政务礼仪

> **政务礼仪的基本原则**
> △ 注意自律
> △ 认真细心
> △ 待人以诚
> △ 礼敬对方
> △ 掌控适度

◆ 注意自律

作为公务员在学习、执行和贯彻政务礼仪时，首先要注意自律，这是政务礼仪的第一个原则要求。所谓自律就是不仅要学习、了解礼仪，更要以礼仪自觉规范自己的人际交往行为。要人前一个样，人后也一个样。在任何情况下，都要保持一致。

◆ 认真细心

执行政务礼仪的第二个原则就是要认真。要认真地、细致地遵守每一环节的要求，不能够大而化之，不能够知此不知彼，顾三不顾四。

◆ 待人以诚

待人以诚是政务礼仪的第三个原则要求。

待人以诚是做人的基本要求。作为公务员，决不可以口是心非，表面上微笑，口中讲礼貌用语，但在实际行动中不兑现；甚至作为公务员，应尽量避免虚伪言行。

待人以诚的原则要求公务员在政务活动中要讲礼貌、讲道德，全心全意地为人民服务。公务员是人民的勤务员，要做让人民满意的勤务员，就要认真地、一丝不苟地遵守行为规范。

◆ 礼敬对方

执行政务礼仪突出强调要敬人。在人际交往中，遵守这条原则，应该是非常重要的。对外交往和公众打交道，不懂得真诚不行，不认真也不行，但是更加重要的一个问题，礼仪自始至终要贯彻的一点是：人是需要互动的，尊重别人就是尊重自己。要让别人尊重你，最好的办法是尊重对方。礼者，敬人也。这一点古人讲得非常清楚，现代公务员一定要有敬人的意识，没有这样的意识就不可能在公务活动中做到有礼节，甚至会与交往对象发生矛盾，产生冲突，造成麻烦。

◆ **掌控适度**

公务员在运用礼仪时，还需要强调适度原则，我们讲执行公务礼仪要认真、要尊重、要敬人，而且要明白、要自律，更重要的是要适度。失去了这一原则，其他的要求都会适得其反。

三、政务礼仪的功能与运用

政务礼仪本来就是作为一种对公务员的约束机制而产生和发展起来的。比起法律，政务礼仪的约束机制更为广泛、深入，更易于接受。因而政务礼仪对社会发展所发挥的作用也更为显著。

在人类社会发展到经济、文化高度发达的今天，政务礼仪为社会的进步和人类的文明发挥着更大的作用。

（一）政务礼仪的功能

礼仪自古以来就是具有和睦关系、约束行为、促进文明的社会功能。政务礼仪的特殊性决定了它除此之外还具有特殊的功能。

政务礼仪 zhengwuliyi

政务礼仪的功能
△塑造政府机关的良好形象
△协调与公众的关系
△强化对公务员的教育作用

◆ 塑造政府机关的良好形象

"形象"是一个人的外观、形体,在社交中、在对方心目中形成的综合化、系统化的印象,是影响交往能否融洽、交往会否成功的重要因素。出于自尊的原因,人人都希望在公众面前有一个良好的形象,以受到别人的信任和尊重,使人际关系和谐、融洽。所以,人们非常重视为自己塑造一个良好的社会形象。

政务礼仪是塑造形象的非常重要的手段。公务员在政务活动中,言谈讲究礼仪,可以显得文明;举止讲究礼仪,可以显得高雅;穿着讲究礼仪,可以显得大方;行为讲究礼仪,可以显得美好……总之,一个公务员讲究礼仪,就可以使自己显得充满魅力。

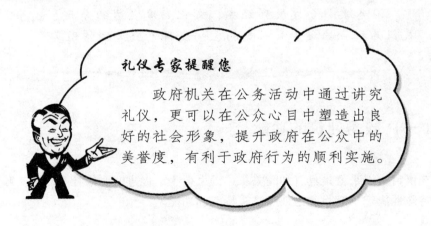

礼仪专家提醒您

政府机关在公务活动中通过讲究礼仪,更可以在公众心目中塑造出良好的社会形象,提升政府在公众中的美誉度,有利于政府行为的顺利实施。

第一章 政务礼仪概述

◆ **协调与公众的关系**

政务礼仪在其原则要求的支配下所表现出的尊重、循序、平等、真诚守信的精神和种种周全的礼仪形式，必然会赢得社会公众的好感和信任，从而，可以有效地化解矛盾症结，积极地促进政府各项工作的实施展开，改善和强化政府与民众的情感关系。

政务礼仪是"润滑剂"、"调节器"，是"纽带"、"桥梁"、"黏合剂"。它可以使政府与公众之间建立起相互理解、相互信任的良好气氛和融洽、稳定的关系。

一般情况下，政府与公众之间，会有一些矛盾。解决矛盾的方法，可以协商，也可以通过诉诸法律。但是，有些矛盾如果通过"礼仪"的方法，双方都持真诚、理解的态度，通过摆情况、讲道理、平衡利害关系，动之以情、晓之以礼，互相理解，那么，不但矛盾会合理解决，政府与大众取得一个"双赢"的结果，而且还会促进民众对政府的支持和拥戴，这比起通过打官司影响信誉而言，效果要更为佳好。

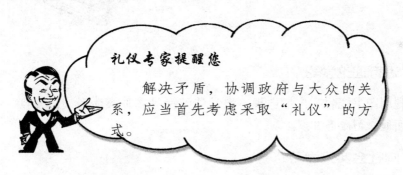

礼仪专家提醒您

解决矛盾，协调政府与大众的关系，应当首先考虑采取"礼仪"的方式。

◆ **强化对公务员的教育作用**

政务礼仪是一种特定场合下人际交往的文明、健康的行为方式，它可以净化公务员的心灵，陶冶情操，提高品位，完善人生。

政务礼仪可通过评价、示范、劝阻等教育形式去矫正公务员们的不良行为和习惯，倡导公务员按照政务礼仪的规范要求去协调人际关系，维护健康、正常的社会秩序。

政府重大的各种礼仪，更是一种具有强化教育作用的活动。比如国庆大典、升旗仪式、重要集会等，由于举行这些仪式的目的就是要统一意志、激励人心、

政务礼仪

振奋精神、做好工作，因此对社会公众更是一种直接有效的教育形式。

综上所述，崇尚和严格执行政务礼仪，对促进我国社会主义精神文明、物质文明和政治文明建设有着不可估量的重要作用。

（二）政务礼仪的学习

对公务员来讲，学习政务礼仪主要有三大途径。

学习政务礼仪的途径
△进行理论学习
△向社会实践学习
△向专业人员学习

◆ **进行理论学习**

即利用图书资料、广播电视、教学和函授等多种媒体形式，使自身能系统地、全面地学习政务礼仪。

◆ **向社会实践学习**

实践是检验真理的唯一标准，同时也是学习礼仪最好的导师。公务员以日常的工作与交际实践作为学习礼仪的一个具体和途径过程，不仅可以使自己加深对礼仪的了解，强化印象，而且还会检验其作用，并且据以判断公务员个人掌握、运用礼仪的实际水平。

◆ **向专业人员学习**

这里所指的专业人员，可以是教师、培训专家、礼仪顾问，也可以是在某些方面确有经验或所长者、堪称楷模之人。其共同之点，是对礼仪有一定的了解，或是具有一定的实践经验和心得体会。向他们学习，可使自己取长补短，益智开

第一章 政务礼仪概述

窍。

学习礼仪，有多种方法可以采用，不过，最主要的方法有以下四种：

学习政务礼仪的方法
△注重实践
△有主有次
△时刻自省
△抓住重点

◆ 注重实践

政务礼仪是一门应用科学，因此学习政务礼仪，公务员务必要坚持知行合一的原则；要注重实践，将知识运用于实践，不断地向实践学习。这是学习政务礼仪的最佳方法。

◆ 有主有次

学习政务礼仪不可贪多务得、细大不捐，而应当有主有次，抓住重点。若从与自己工作实际联系最密切的要点开始，往往可以事半功倍。然而必须注意，学习政务礼仪是一个渐进的过程，对一些规范、要求，只有反复运用、重复体验，才能真正掌握之。

◆ 时刻自省

古人强调提高个人修养要注意反躬自省，"吾日三省吾身"。学习政务礼仪，也即进行自我监督，对自己既要在这方面有所要求，又要处处注意自我检查。由此将有助于自己发现缺点，找出不足，进而将学习、运用政务礼仪之举真正变为公务员个人的自觉行动和习惯做法。

◆ 抓住重点

在学习政务礼仪的同时，不应将其孤立于其他学科，而是应当将这种学习与对其他科学文化知识的学习结合起来。这样做，不但可以全面提高个人素质和修

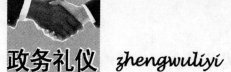

政务礼仪 zhengwuliyi

养,而且还有助于自己更好地掌握、运用政务礼仪。

从总体上看,政务礼仪是由一系列的规范、程式、活动所构成的。学习礼仪,要讲全面性、系统性,但是不能搞繁琐哲学,不能脱离实际,死抱着条条框框不放。要是把政务礼仪搞得过分复杂、琐碎,是不利于政务礼仪的普及、推广的。

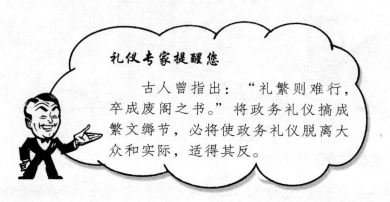

礼仪专家提醒您

古人曾指出:"礼繁则难行,卒成废阁之书。"将政务礼仪搞成繁文缛节,必将使政务礼仪脱离大众和实际,适得其反。

学习政务礼仪,最切实可行的方法,是要抓住其重点。政务礼仪的重点,就是那些对政务活动具有普遍指导意义的各项主要原则。政务礼仪的原则,可分为两大类:其一,是适用于整个交际活动的原则,如前面所提到的四个主要原则;其二,是适用于局部交际活动的原则,例如,在正式场合必须遵守的着装要求和言行举止的规范等。对这两类政务礼仪的原则,都要尽可能地加以掌握。这样,就能以点带面,掌握精要。

总而言之,学习在于应用。公务员只有对政务礼仪悉心掌握,才能在实际运用中大获裨益。

第 2 章

形象礼仪

　　公务员的形象礼仪，通常是指社会公众、社会舆论对公务员的基本印象与总体评价尺准。具体而言，它来自外界对体现着公务员自身教养与个人素质的着装、仪容、装饰、举止、语言等各个方面的具体观察与评价。塑造良好的公务员形象，首先要求公务员在上述各方面符合政务礼仪的具体要求与规范。

　　塑造公务员形象的根本，在于强化公务员的自身修养。只有内强素质，才能外塑形象。

　　公务员理想的外在形象，应当是端庄得体，干练精明，朴素大方，温文尔雅。为此，国家公务员必须认真地学习、执行政务礼仪的规范要求，对自己从严要求，为自己树立一个健康、文明、端庄的良好形象。

本章要点

您应该记住的 **6** 个基本点

☐ 塑造公务员形象的根本,在于强化公务员的自身修养。只有内强素质,才能外塑形象。

☐ 公务员理想的外在形象应当是端庄得体,干练精明,朴素大方,温文尔雅。

☐ 公务员的着装应遵循应时、应景、应己、应制的原则,切忌脏、乱、破、露、透和短、紧、艳、异等弊端。

☐ 公务员的仪容应该保持端庄,养成干净、整洁、卫生、简约等良好的工作习惯和生活习惯。

☐ 女性公务员在必要时应对自己的仪容进行适当的化妆,此举有利于维护个人和所在单位的形象,同时也表示对交往对象的尊重。但化妆应注意区分场合,注意身份,以少为佳,以洗为宜。

☐ 公务员的举止必须遵守礼仪规范,使其合乎体统,优雅适度。

第二章 形象礼仪

一、着　装

在公务活动中，公务员的着装不仅反映着一个人的个性、文化素养和审美品位，同时还体现着社会风尚，在一些重大场合下，还代表着国家政府的形象。

公务员着装应当体现出国家行政机关的威信与尊严，因此，每一位公务员都必须学习、掌握一定的着装礼仪常识，在着装上除了符合一般着装礼仪外，还要根据工作的特殊要求，做到正规和规范。

具体而言，公务员学习、掌握着装礼仪，主要是要使自己的着装应时、应景、应己、应制。这也是公务员着装礼仪的基本原则和规范要求。

（一）应　时

公务员的着装首先必须应时。所谓应时，不是指追求时髦，走在时装发展潮流的前沿，而是要求公务员的着装必须与穿着的具体时间相吻合，并体现出一定的时代特征。

应时原则通常包含如下三层含义：

着装的应时原则：
△ 与时代变化同步
△ 与四季变化同步
△ 与早、中、夜变化同步

政务礼仪 zhengwuliyi

◆ 与时代变化同步

公务员的着装不应与时代脱节。不同的时代有着不同的着装习俗与特征，随着时代的发展，服装也在不断地更新换代、发展变化。处于当今时代的公务员，自然应顺应时代发展的要求，在着装上体现时代的影子。

尽管从服装本身的发展规律来看，不时会出现复古或超前的现象，但其主旋律却一直是与时代前进的步伐在大体上保持一致的。

公务员的着装固然要遵循"相对保守、朴素大方"的原则，从而给人以稳重可靠、沉着踏实的印象，但这并不意味着要使自己的着装落伍于时代，从而走向另一个极端，否则便会有因循守旧、冥顽不化之嫌。

◆ 与四季变化同步

服装的基本功能之一在于消暑御寒。因此在着装的选择上，任何人都必须随着四季的更移和气候的变化做出适当的改变，使着装冬暖、夏凉、春秋适宜。

在当今社会，随着改革开放的深入，人们的着装观念已经发生了很大变化。许多人在着装的选择上已不再受季节时令和天气冷热的限制，大冬天穿着短裤短裙招摇过市的现象比比皆是。但对于公务员而言，却不可如此标新立异。作为国家行政机关、本地区和国家形象的代表，国家公务员务必使自己的着装自然而合乎常理，不宜打破常规。

◆ 与早、中、晚变化同步

公务员在每天上班时间与非上班时间，以及在非上班时间的不同时间段，都应有不同的服装选择。

每天早晨散步或进行运动时，可以穿便于活动的运动服；中午在家或在宿舍用餐时，可脱去正装，穿上休闲服，好好放松一下；而在晚上欣赏电视节目或准备休息时，则可换上睡衣睡裙，以求舒适、惬意。

然而在上班时间，不论上午还是下午，都必须穿着与"此时此刻"相和谐的服装，从而体现出敬业意识。切不可如在家时那般随意自在，为追求舒适自然而一副休闲装束，否则就会有损于公务员的形象，因小失大。

第二章 形象礼仪

（二）应 景

公务员的着装必须应景。所谓应景，是要求公务员要尽量使自己的着装与自己所面临的环境保持和谐与一致，而绝不可以我行我素，使自己的着装同自己所处的环境格格不入，或反差过大。

着装的应景原则
△ 在机关上班不宜穿时装或休闲装
△ 在执行公务时要穿正装

◆ 在机关上班不宜穿时装或休闲装

不论什么人，只要到达一定的地点，就是进入了一个特定的环境，成了特定环境的组成部分。在这种时刻，他所做的一切，都必须主动、自觉地与自己所处的特定环境保持一致。反之，就会产生副作用，既破坏了环境美，也有损于自己的形象。正是基于这一原因，所以要求国家公务员的着装必须应景，也就是要使之与其面临的环境相协调。

例如，当人们在工作之余，身穿一套牛仔服、足蹬一双旅游鞋前去风景区观光游览；或是头扎发带、身着洁白短小的网球裙，在网球场上奋力挥拍击球，则都同环境非常协调一致，让人无可挑剔。

然而，穿牛仔服或网球裙，要是去国家行政机关上班，尤其是代表国家行政机关外出执行公务，却绝对是不合适的。这只会给人以一种不务正业、吊儿郎当的印象。

同样的道理，女性公务员如将流行的着装服饰披挂在身，并且出现在公务活动的场所中，那么即使她这身打扮的确美不胜收，也会影响公务员的礼仪形象。

政务礼仪 zhengwuliyi

◆ 在执行公务时要穿正装

公务员因工作需要，常常需要外出执行公务，尤其是一切执法部门的公务员更是常常如此。在外出执行公务时，公务员必须穿制服、西服等正装，除非特殊需要，决不允许穿便装。因为在外出执行公务场合，公务员代表的是政府，必须维护政府的良好形象。同时，穿制服、西服等正装，能给人以庄重、威严的感觉，而穿便装则截然不同。当然，在非公务场合，公务员休假在外，或休闲在家，则完全可以与常人一样，自由自在地选择合适服装，而不必以正装示人。

（三）应 己

公务员的着装必须应己。所谓应己，是要求公务员在为自己执行公务而选择服装时，需要认真地、实事求是地明确自身的条件是否与之相适应。也就是说公务员的着装必须做到量体裁衣，因人而异。

要求公务员在着装时遵守应己原则，是为了使其在着装方面能够充分地展示自己的最佳形象。

具体地讲，按照应己原则，公务员在为自己选择服装时，应注意性别、年龄、肤色、形体四大问题。

着装的应己原则
△ 与性别相吻合
△ 与自己的形体特点相吻合

◆ 与性别相吻合

着装时应勿忘自己的性别。男人应当穿男服，女人必须穿女服，这是两性差别使然，也是人人应有的基本常识。可是由于近几年国际时装潮流的影响，服装的性别色彩有所减弱，中性化服装大量出现，甚至在某些阶层的人士中间，男穿

第二章 形象礼仪

女服、女着男装也成了一种时髦。不过对于恪守本分,着装力求保守、规范的公务员来说,在着装上绝不可以没男没女,男女装互穿。在涉外交往中,特别要牢记这一点。即使是着装自由化的西方各国,公务员在着装上仍须遵守规矩:男士绝没有在上班时穿花衬衫的,女士则不穿长裤,而是穿裙装。

◆ 与自己的形体特点相吻合

着装时勿忘自己的形体。人有高矮、胖瘦之分,具体到身体的各部分便有标准与不标准之分别,这就是通常所说的个人的形体条件。中国人的形体有标准型、高大型、高瘦型、矮胖型、瘦小型等几大类型,因此公务员在着装时如不注意这一点,而一概而论,显然是不明智的。要是一位形体高大的男士穿上一身小号的制服,便会浑身局促,捉襟见肘,木讷可笑。而一位过分丰满的女士若是偏要穿上一条高弹紧身的健美裤,也是不合适的。

（四）应 制

公务员着装必须应制。所谓应制,即要求着装符合服装的自身规律,做到制度化、系列化、标准化。着装是否应制,往往是着装者自身修养高低的最真切的反映,也是影响他人对着装者印象的重要因素。

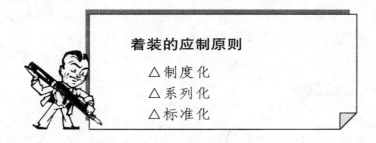

着装的应制原则
△ 制度化
△ 系列化
△ 标准化

◆ 制度化

所谓制度化,即对于公务员的着装,尤其是其代表国家执行公务时的着装,应有制度上的规定,公务员必须对此严格遵守。

有统一制服的部门,应要求公务员在执行公务时必须身着制服;没有统一制

服的部门，则应要求公务员在执行公务时穿适宜的服装，不可穿有损国家行政机关形象的服装，如牛仔装、运动服、汗衫、短裤等。

◆ 系列化

所谓系列化，即要求公务员在着装时树立全局思想，使衣、裤、鞋、袜、帽、包等相互协调、相互呼应。将单个美的东西杂乱无章地堆砌在一起，绝无美感可言。只有在一个"主题思想"支配下使各部分协调地组织在一起，才有整体的美的效应。

公务员必须掌握一些基本的"系列化"着装常识，切不可"乱点鸳鸯"。例如，穿深色西服时应穿深色袜子和皮鞋，不宜穿白袜或布鞋、旅游鞋；腰带、鞋子与皮包的颜色应当一致或相近；穿旗袍时应穿肉色长统式或连裤式丝袜，而不宜光腿或穿彩色丝袜、短袜等。

◆ 标准化

所谓标准化，是指着装时应遵循各类服装的穿着标准与方法，切勿自我发明、自成一派。

在穿制服时，不允许敞怀；穿双排扣西服时，必须扣上全部衣扣，不许穿西服背心；穿单排三粒扣西服时，仅扣中间一粒或中上两粒扣子；穿单排两粒扣西服时，只扣上一粒扣子；穿西服套装时宜穿白色衬衫，并打上领带，领带打好后的标准长度，是其下端恰好抵达皮带扣。

总之，公务员着装礼仪的上述原则，是相互呼应、共同发挥作用的。公务员应当对此全面理解和掌握，不要有所偏废。

（五）着装禁忌

作为公务员，在日常工作中，讲究仪表美特别重要的一点，是要规范自己的服饰。莎士比亚曾经说过，一个人的穿着打扮，就是他的教养阅历和社会地位的标志。所以对公务员着装最基本的要求，即办公礼仪的要求是庄重、保守、典雅。一般而言，公务员着装有"脏、乱、破、露、透、短、紧、艳、异"九字忌讳。

第二章 形象礼仪

公务员着装的禁忌

△ 忌　　脏
△ 忌　　乱
△ 忌　　破
△ 忌　　露
△ 忌　　透
△ 忌　　短
△ 忌　　紧
△ 忌　　艳
△ 忌　　异

◆ 忌　脏

脏，就是懒于换洗衣服，使自己的衣服皱皱巴巴，满是油污、汗迹、汤渍，甚至令人看不出衣服本来的颜色，或是其异味令人掩鼻。整天穿着脏兮兮的衣服上班的人，多会给人一蹶不振的感觉，而且还会让人怀疑其心灰意冷，对生活已丧失信心。务必要牢记，工作再忙，身体再累，都不能成为自己整天穿着脏衣服来办公室上班的理由。作为有志于为人民服务者，"一屋不扫，何以扫天下"呢？

◆ 忌　乱

乱，就是穿着衣服不合规范。它不仅是指把适合于在办公时，穿着的服装穿得不像样子，如上衣不是穿在身上而是披在身上，裤管与袖口非要卷得高高的不可；或是把本不协调的服装强行搭配在一起，如以西服上衣配牛仔裤、健美裤，穿西服套装时配布鞋、凉鞋、旅游鞋等；更指的是公务员办公时，穿着不宜的服装进办公室。比方说，穿着运动服、奇特时装去办公，就会让人怎么看怎么不顺眼。

◆ 忌　破

破，是指服装的破损。我国公务员历来提倡艰苦奋斗，勤俭节约，但是这不意味着可以听任公务员在办公时所穿的服装残破不堪。纵使因为不慎，致使自己

政务礼仪 zhengwuliyi

的办公服装"挂花",也要尽快采取补救措施,如更换、缝补等,而不宜让残破为外人所见。如果公务员在办公时所着服装,不是这儿撕开一个口子,就是那里烧了一个窟窿,甚至连纽扣也不齐全,真是这样则难以使人信服其工作认真、严谨了。

◆ 忌 露

露,就是有意无意地过多暴露了本应"秘不外宣"的躯体部位,从而给人以不良印象。在办公时,公务员应当忠于职守,勤于政务,而不宜着过分暴露自己躯体的奇装异服。在比较正式的一些场合,通常不宜身穿露胸、露肩、露背、露腰以及暴露大腿的服装。无袜裸脚穿鞋,也不够正式。

◆ 忌 透

透,是指外穿的衣服过于单薄透明,致使内衣若隐若现,甚至昭然若揭。在国家行政机关里,杜绝"流行季风",切忌有意穿"透视服"。在办公时穿"透视服",不但会使自己的敬业精神遭至怀疑,而且还会让他人难以面对自己。弄得不好,还会给人以过于轻浮的感觉。当然也不排除,有的人在办公时的着装,未必是有意要让人"透视"自己,这主要是由于这些人缺乏基本的着装常识。例如,穿衬衫时,不知道应使内衣与衬衫在色彩上相近、相似。穿面料较为单薄的裙子时,不知道该穿衬裙等。

◆ 忌 短

短在这里是指着装过于短小,将不应显露在外的肌体部位暴露了出来。根据礼仪规范,为了自重,一般来说,公务员在办公时,背心、马夹、短裤和"露脐服",都是不适宜穿着的。女同志在比较重要的活动中,还须注意忌穿超短裙。穿着超短裙行动多有不便,而且还有失庄重。

第二章 形象礼仪

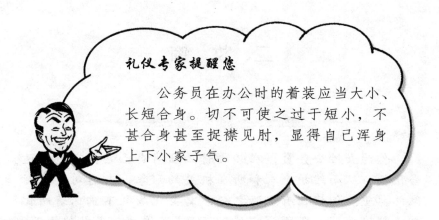

礼仪专家提醒您

公务员在办公时的着装应当大小、长短合身。切不可使之过于短小，不甚合身甚至捉襟见肘，显得自己浑身上下小家子气。

◆ 忌 紧

紧，主要是指在购买或缝制服装时，有意识地使之紧紧地包裹着自己的身体，使自己身体的线条过度地展示于他人的视野之中，既不雅观，又不文明，因而这种服装是不允许公务员在办公时穿着的。女同志尤其要注意，不要在办公时穿高弹的"紧身服"等，免得令人为之侧目。

◆ 忌 艳

艳，就是指公务员的着装色彩过多，过于鲜艳，图案过分复杂。在办理或执行公务时，公务员的着装应当体现出庄重保守的风格，而不应当打扮得花枝招展。因此，过多色彩、过分鲜艳、图案过分复杂的服装最好不要穿着。可能的话，应当另予选择深色无图案的套装，通常使全身服装的色彩不超过三种。

◆ 忌 异

异，就是指着装过分怪异奇特。就目前而论，着装过异主要可分为三种：其一，是款式过异，如"乞丐装"就是一例；其二，是搭配过异，即不按常规进行搭配，比如把长衫穿在里面，而将短衫穿在外面；其三，是穿法过异，即不依照正常的方法穿着使用服饰，例如，把衬衫围在腰上，把太阳镜支在头顶。对于这种着装过异的做法，公务员是切不可赶时髦，一味跟进的。

总之，公务员在着装打扮方面，必须做到端庄、简约、符合身份。

二、妆 饰

作为女性公务员，在必要时必须对自己的仪容进行适当化妆，从而维护个人和所在机关的形象，表达对交往对象的尊重。但化妆有浓淡之分，需要化妆并不意味着所化之妆越浓越好，正所谓"过犹不及"。依照政务礼仪规范，女性公务员对于妆饰问题，总的要求是要区分场合，注意身份，以少为佳，以淡为宜。

（一）淡妆上岗

在工作岗位上，女性公务员必须遵循"淡妆上岗"的原则，切勿浓妆艳抹，其理由如下：

女性公务员应淡妆上岗
△符合身份
△符合规律
△维护形象

第二章 形象礼仪

◆ 符合身份

公务员是各级政府与人民群众之间联系的纽带，因此必须使自己平易近人、接近群众，体现出勤政、廉政形象。体现在女性公务员化妆方面，就要求朴实无华，摒弃浓艳与华丽，宁淡而勿浓。

如果女性公务员以"浓妆艳抹"的形象出现在公务场合或群众面前，就会给人以不稳重之感，使人怀疑其工作能力与工作态度。

平时在工作岗位上，女性公务员除了必要的修饰，使自己以干净整洁的形象出现外，完全不必作进一步的化妆。这样会给人以清新可人、返璞归真的感觉和踏实稳重的印象。

女性公务员在参加某些重要的庆典、仪式和社交活动，尤其是参加外事活动时，为了表达对交往对象的尊重和对活动的重视，可进行进一步的化妆、修饰。例如女同志可以轻抹口红、淡扫娥眉等。但总体上仍以淡雅为宜，过分的浓妆与过分的保守一样，都是不适合的。

◆ 符合规律

许多人认为，化妆是给人欣赏的，既然要化妆，就应当化得醒目、明显，让他人真真切切、清清楚楚地看到自己化了妆以及化了什么妆，否则化妆就毫无意义。其实这是人们对化妆理解上的一大误区。按照化妆自身的特点和规律来看，着妆者化妆后若有若无、自然而然，好似天生如此，这才是化妆的最高境界。

◆ 维护形象

公务场合是不允许过分突出性别特征的。因此，女性公务员，不可浓妆艳抹而过分引人注目。如若不然，便会使人觉得她过分招摇和粗俗。在西方，这种浓妆女士还有"应召女郎"之嫌。为维护自身形象，不致招人非议，公务员必须淡妆上岗。

淡妆上岗，是女性公务员化妆的基本要求。要知道，一张浓妆艳抹的脸只能让人怀疑那是一张京剧脸谱，而一张清丽淡雅的脸才会让人相信那是人民公仆——公务员的形象。

（二）化妆的原则

化妆的目的在于表现个人的整体美，而不是追求局部的亮丽。因此，身体各部分的化妆需要协调统一、整体考虑。女性公务员要体现出健康的形体、优美的仪表以及充满活力的精神面貌，就必须在化妆时遵循协调性与整体性的原则。

化妆的原则
△各部位协调
△与服饰协调
△与环境协调

◆ **各部位协调**

一个人化妆的效果是其各部位化妆后的整体显现。各个局部的化妆即使再成功，如果相互之间难以协调在一起，那么化妆也是失败的。这与着装时色彩、款式的搭配是一个道理。

例如，单纯的眼部化妆是没有的，只有同腮红、口红配合起来，才能有美的效果。如果要突出口部的魅力或口红的色彩，则应节制对眼部的化妆。浓重的眼影显然不利于口部优势的发挥。

又如，在面部化妆时，腮红与眼影应当选择同一色系的颜色，而唇膏的色彩则应与彩色指甲油的颜色属于同一色系。只有这样，才能使各部位的化妆协调一致。

◆ **与服饰协调**

在化妆时，应充分考虑所化之妆的颜色、浓淡是否与所着服饰相匹配。不同色调系列的服装往往需要不同色调的化妆品，不同款式搭配的服饰往往需要不同的化妆手法。只有当服饰与化妆适当地组合在一起时，才会显现出整体的协调美。

例如，身着一套牛仔装时，通常给人以粗犷豪放、线条分明的感觉。这时就宜选用厚实一点的妆相；而如果身着一套素雅的连衣裙，打算给人以轻松之感时，就应当选择清淡的妆相。

◆ 与环境协调

着装有"应景"的原则，其实化妆也需要"应景"。不同的环境，或者不同的场合往往有不同的自然条件、社交气氛，这就需要所化之妆与其相协调、相适应。只有当化妆与环境相统一，人与环境才能相容，才能处于一体，个人的良好形象也才能最充分地体现出来。

礼仪专家提醒您

公务员在严肃或悲伤的场合，宜选用淡妆，而不可浓妆艳抹、光彩照人，而在比较欢快、热烈的场合，则应在允许的范围内化稍浓之妆。

（三）化妆的风格

公务员的妆饰务必力戒怪、异、奇。公务员在为了适应特定场合的需要，而进行必要的打扮时，总的说来，尚需坚持自己端庄、稳重、高雅、保守的独特风格，不应当把自己打扮得稀奇古怪，荒诞不经，令人瞠目结舌，匪夷所思。

假定公务员的妆饰过分地不合常情，并且以其怪、异、奇而为世人所瞩目，在一般情况下，会被视作定位发生了误差，因为怪、异、奇的妆饰与端庄、稳重、高雅、保守，在总体风格上是势不两立、泾渭分明的。

公务员在一般场合内活动时，尤其是在办公室里上班时，在打扮上应当少而精，甚至不必妆饰。一名身穿公安、工商、税务制服、头戴大盖帽，替国家执法的公务员，要是颈挂项链、耳戴耳环、淡扫娥眉、一点红唇的话，只会让人觉得

政务礼仪 zhengwuliyi

不伦不类,而不会为他人所尊敬。

不仅如此,即使要对自己稍加打扮,也不能一下子从一个极端跳到另一个极端,一鸣惊人。比如,在比较正式的场合,人们所戴的手表,不仅具有计时功能,而且也被当作是一种重要的饰物。因此,公务员在戴手表时,在其花色图案和形状上,就不可以太出格,不可以过分地奇异、抢眼。曾经广为流行的个头硕大、形状不规则的"大腕表";表盘上五彩缤纷,满是日月、星辰、花卉、鸟兽、宠物、才子、佳人的卡通表,戴在别人手上无可非议,可是在正式的场合,公务员却是绝对不能戴的。比如,一位正在表情严肃地处理公务的男性公务员手腕上戴着一块绘有机器猫或是比基尼女郎图案的手表,那还像什么话?还有什么威严可言?

在有些时候,若是对妆饰缺乏正确地理解,而只求怪、异、奇,只会画蛇添足,使自己显得才疏学浅。

例如,如果前去出席晚宴或化装舞会,在脸上涂画上一些彩色美容品是合适的;可要是在光天化日之下以这个样子去上班,满脸姹紫嫣红,那可就"怪"出毛病了。

又如,男同志所用的腰带扣,一般均被当作饰物来看待,但它的图案、造形亦须简单、朴实、大气。要是偏好以虎头、鹰像、"忍"字为图案的腰带扣,只会让人觉得肤浅和粗俗。

(四) 饰物的佩戴

饰物,一般反映了佩戴者的修养、爱好和品位。公务员当然也可以佩戴一些适合自己身份的饰物,但要注意把握分寸,慎重选择。

佩戴饰物的三项注意
△ 宜少而精
△ 慎重选择
△ 男女有别

第二章 形象礼仪

◆ **宜少而精**

公务员要树立廉洁勤政的形象,保持平易近人的形象,不能珠光宝气,华丽奢侈。饰物不能过多,从头到脚,项链、手链、脚链,一样不少,"武装到牙齿",会形成一种夸张和奢华的形象。少而精,可以收到画龙点睛的效果。佩戴首饰,一般不要超过三个品种,金银珠宝,一应俱全"开首饰店"只能成为人们的谈资。一只手一般只戴一枚戒指,戴两枚或两枚以上都是不适宜的。同样,一只手不能戴两只或两只以上的手镯、手链。

◆ **慎重选择**

饰物通常可以传达某种信息和表达特定的含义,佩戴时要遵守成规。最有讲究的是戒指。戒指通常要戴于左手,戴无名指表示已经结婚或订婚,戴中指表示尚未结婚,戴食指表示无偶求爱,戴小指则表示终身不嫁或不娶。在一些西方国家,未婚女子把戒指戴在右手的中指上,修女则戴在右手的无名指上。已婚者应将手镯佩戴在左腕或双腕。

◆ **男女有别**

女士的饰物丰富多样,除了服装外,还包括纱巾、发卡、胸饰、手提包、手表、耳环、项链、戒指、手镯等。这些饰物,有些具有实用功能,有些具有纯粹的装饰性。只要用得得体,都能为装饰者增色。男士的饰物相对少些,主要是手表、皮带、领带,穿西装有时加上胸饰、领带夹等。男性公务员一般不宜戴耳环、项链之类的首饰。

政务礼仪 zhengwuliyi

三、修 饰

仪容，主要是指一个人的容貌，包括一个人头部的全体外观，诸如头发、脸庞、眼睛、鼻子、嘴巴、耳朵等，同时还含有无衣物掩饰的手、脚等身体其他部分。当人们评价个人模样如何时，其最重要的"论据"，就是对对方仪容的直接观感。

公务员为了保持仪容的端正，就应当对仪容经常修饰，做到干净、整洁、卫生、简约，并养成习惯，自觉坚持。

（一）修饰的意义

在仪表礼仪中，仪容一般是指常人不着装的头部和手部这两大部位。在比较正常的情况之下，它们都是一个人身上最吸引别人视线的地方。

公务员必须注意的是，当与他人进行接触之时，自己的仪容包括头部与手部备受对方的注意，在很大程度上，还决定着对方对自己本身的总体评价。换句话来讲，在人际交往中，交往对象对自己发自内心的好恶亲疏，往往都是根据其在见面之初对于自己仪容的基本印象"有感而发"的。

更为重要的是，这种对他人仪容的观感除了先入为主之外，在一般情况下还往往一成不变。

正因为个人的仪容在人际往来中处于备受注目的位置，因此公务员在平时必须时刻不忘对自己的仪容进行必要的整理与修饰。要做到"内正其心，外正其容"，保持端庄整洁，以维护自身和所代表的政务机关的形象。

第二章 形象礼仪

仪容修饰的意义
△ 有利于维护自尊
△ 体现对他人的尊重
△ 有利于沟通与交往

◈ 有利于维护自尊

每个人都有尊重自我的需要，也有获得他人关注与尊重的需要。但是，满足这些需要的前提是：自身是否值得尊重？即是否存在可被尊重之处？在人际交往中，如果衣冠不整、不修边幅、憔悴潦倒，只能被他人认为是生活懒散、作风拖沓、责任感不强及不尊重别人的人。一个不懂得自尊自爱的人，又怎么可能热爱生活、热爱工作、热爱他人呢？只有注重仪表仪容，从个人形象上反映出良好的修养与蓬勃向上的生命力，才有可能受到他人尊重，才会对自己良好的仪表仪容感到自豪和自信。

◈ 体现对他人的尊重

只要与人交往，就存在着一个以什么形象出现的问题。每个人的仪表仪容，无论有意无意，都会在对方心理上引起某种感觉，或使人轻松愉悦，或给人以美感，或使人感到别扭而不舒畅。如果尊重他人，就应该让他人通过仪表仪容来感到你对他的重视。仪表端庄大方，整齐美观，容貌俊秀，就是尊重他人的具体体现。只有这样，才有可能与他人作进一步的沟通与理解。

◈ 有利于沟通与交往

"人不可貌相"这句话是有其道理的。但是，人的外表在待人处事中所起的作用，却是不容忽视的。一个人的仪表仪容在人际交往中会被对方直接感受，并由此而反映出来个性、修养，以及工作作风、生活态度等最直接的个人信息，将决定对方心理的接受程度，继而影响进一步的沟通与交往。因此，从某种意义上讲，仪表仪容之美是成功的人际交往的"通行证"。换言之，整齐、得体的仪表仪容，无论在工作还是生活中，都会产生良好的社会效果。

政务礼仪 zhengwuliyi

人的自然之美不是来自人为的整容,而是来自恰到好处的仪容修饰。公务员仪容修饰的必要性在于:首先,由于每个人的容颜不可能完美无缺,适当地修饰可以弥补某些缺陷,使自身形象更趋完美。同时,作为公务员,往往代表机关单位的形象,有的还是令人注目的公众人物。所以,要保持仪容的整洁端庄,对仪容的整理修饰是不可或缺的。

(二)修饰的原则

公务员的仪容修饰要符合政务礼仪的总体要求,要和公务活动的职业特点相适应。其具体包括以下几个方面:

修饰的原则
△ 端正庄重
△ 修饰避人
△ 整洁干净
△ 简约朴实
△ 得体自然

◆ 端正庄重

公务员的仪容应当端庄。要求仪容应当端庄,就是要求在修饰、整理仪容时,要使之端正、庄重、斯文、雅气,而不允许把仪容搞得花哨、俏丽、轻浮、怪异、荒诞。要是公务员的仪容五花八门、花枝招展,那么社会公众一定会有看法,会不以为然。

例如,公务员在通常情况下,不准把头发染成其他颜色,不准在手指甲上涂抹彩色指甲油。虽然把头发染成红色或亚麻色,把手指甲涂得鲜红鲜红的,都会令其他人"刮目相看",但是这样的做法,却绝对不会让对方对自己肃然起敬。您想一想,要是您见到这种打扮的国家公务员前来执行性质严肃的公务,是不是会让您觉得"反差"过大了呢?

第二章 形象礼仪

又如，在选择发型时，公务员可以回旋的余地并不大，只能在端庄一类的发型中进行挑选。依照这一尺度，男性公务员显然不能烫头，做卷发；女性公务员自然也不宜选择永妆、乱妆一类过于妖艳的发式。

应予指出的是，公务员在整理、修饰仪容时，应当对于端庄这项基本要求首先予以重视。

◈ 修饰避人

修饰避人的原则，主要是要求在对自己的仪容进行整理、修饰时，务必要自觉回避其他人，不要让他人旁观自己对仪容所进行的整理与修饰。

应当强调的是，修饰避人的原则，不但适于公务员的仪容修饰，而且也适用于公务员的着装、妆饰。从总体上讲，在大庭广众之前，公务员既不能修饰自己的仪容，也不允许整理自己的服装、饰物，或者当众化妆、补妆。

礼仪专家提醒您

公务员当众修饰、整理自己的仪容，是不自重、不文明的，也是不尊重在场者的表现。

◈ 整洁干净

干净、卫生、整洁，是仪容的起码要求。讲究个人卫生，经常洗手，常剪指甲，早晚刷牙。坚持洗澡，经常洗头、洗脸，保持耳、鼻和眼角、嘴角的清洁卫生。坚持定时剃须，修剪鼻毛、耳毛，女士遮掩或剃去腋毛，保持公务员卫生整洁的仪容形象应当也是基本的要求之一。

◈ 简约朴实

这是从公务活动的职业需要出发所提出的要求。所谓简约，就是仪容修饰要做到简洁、明快、朴素、实用，不搞繁琐哲学，不需要过分雕琢，一切以简朴自然为出发点。例如发型，男性不留长发，不梳小辫子，不剃光头；女性一般不提

政务礼仪 zhengwuliyi

倡留披肩发，不搞新奇怪异的发型。简约是工作性质所决定的，仪容简约，体现公务员的传统、庄重的风格，显出敬业和具有朴实的作风。

◆ **得体自然**

仪容修饰从根本上说，与职业特点相适应，与个人条件相吻合，这就是得体。由于公务员的形象代表所在单位组织的形象，对仪容有严格的要求。

无论男女，仪容修饰都应做到得体，如此才会显得自然大方。

（三）头发的修剪

头发，往往是被他人首先予以关注的地方。因此，公务员要修饰自己的仪容，就必须从"头"做起。

对公务员来讲，头发始终应是干干净净、整整齐齐、长短适当，发型也应当简单大方。

从"头"做起
△头发干净
△头发整齐
△长度适当
△发型简明

◆ **头发干净**

公务员平日对自己的头发要勤洗、勤理，以使自己的头发保持清洁卫生的状态。一般而言，头发应当至少三天洗一次，至少半个月理一次，并且应随时随地检查自己头发的清洁度。公务员在出席重要的公务活动或与此相关的社交活动之前，应对自己的头发精心修剪一番。刚刚理过的头发，别人一眼就能看出来。这样能使交往对象借此发现自己是"有备而来"，对此次会面非常重视。同时也能体现出自己对交往对象的友好与尊重。

第二章 形象礼仪

通常，公务员不应涂抹太多的发胶或摩丝。过量的发胶或摩丝只可远视，不可近观。因为走近一看，这时的头发不是发出"独特"的气味，就是一缕缕地粘在了一起，"不分彼此"。

◈ 头发整齐

所谓整齐，就是要求公务员把头发"按部就班"地梳理"到位"，不允许头发蓬松凌乱，更不允许有一缕头发不服"管理"，"突出表现自己"，一定要使其"各司其职"、"各就各位"。

为了使自己的头发保持既定的发型，可以使用美发、护发用品加以特殊"照顾"。最为重要的是，要使之保持"一丝不苟"。惟有整齐，头发才有干净可言。

◈ 长度适当

对公务员来讲，头发宜短不宜长。

公务员不同于演艺明星、艺术家，有一头长发以体现自己的个性显得与众不同。对公务员而言，则千万不能让自己的头发长发飘飘，也不可短得吓人。

一般而言，公务员尤其是男性留短发有诸多好处。比如说，短发梳洗方便，使人显得朝气蓬勃，而且还符合公务员讲究稳重严谨的传统和工作上快节奏的特点。但公务员头发宜短，只是相对而言的，并不是说越短越好，尤其剃一光头就更不可取。

一般来讲，公务员头发的长度有一个可参照的量化标准。男士头发以7厘米左右为佳，最长也不应当后及领口，两侧掩耳，前过额头。女士的头发最好不要长过肩部，或挡住眼睛。留有长发的女士在庄重的工作场合，应暂时将长发梳成发髻，盘在头上。

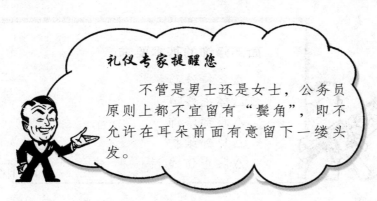

礼仪专家提醒您

不管是男士还是女士，公务员原则上都不宜留有"鬓角"，即不允许在耳朵前面有意留下一缕头发。

◆ 发型简明

公务员的发型应当传统一些，保守一些，规范一些。切勿过分新潮，过分怪异，过分"个性化"。

对公务员来讲，在决定发型的诸因素中，最重要的应是自己的职业与所处的场合，对其必须认真兼顾。

男性公务员的发型，应当以整齐、简单、明快、少装饰、少花样为主，使男士们显得刚劲有力、潇洒大方，具有阳刚之气。

女性公务员的发型既不允许作成华丽、美艳的发型，也不允许随随便便地自由"发挥"。应当在上述总体要求的指导下，针对自己的年龄、性格、工作环境等个人不同的条件，具体情况具体对待。

年轻一些的女性公务员，有层次的短发型最得体，显得朝气蓬勃，潇洒大方。年届中年的女性公务员，选择的发型可适当地"长"一些，但也不宜过肩部。若是非留长发不可，也应当在工作场合将之盘成朴素而雅气的发髻。

不管留何种发型，都不宜在头发上再去刻意添加花哨的发饰，不准不分场合地把用于室外或社交场合的帽子戴进办公室里来。发卡应朴实无华，发箍则应朴素大方。

（四）面部的修饰

面部是仪容中最引人注意的部分。公务员的面部修饰应符合下述要求：

面部修饰的基本要求

△ 坚持洗脸
△ 体毛修剪
△ 眼部修饰
△ 口部维护
△ 防止伤残

第二章 形象礼仪

◈ **坚持洗脸**

如果脸上常存有灰尘、污垢、泪痕或汤渍，难免会让人觉得此人又懒又脏。所以除了早上起床后、晚上睡觉前洗脸之外，只要有必要、有可能，随时随地都要抽出一点儿时间来洗脸净面。

◈ **体毛修剪**

对面部不雅的体毛，应进行必要的修剪。在人际交往中，如果自己的鼻毛"不安分"地从鼻孔中伸出来而被他人看到，这是极为不雅的。如果鼻孔不干净，伸出的鼻毛上还可能"伴"有鼻涕等不洁之物，看起来更会使人感到恶心。因此，公务员要经常修剪自己的鼻毛，并使之保持清洁。另外，绝不能当众抠自己的鼻子，这种"恶习"极其有损于自己的形象。

除了特殊的宗教信仰和民族习俗之外，对男性公务员来讲，不允许蓄须，而且还必须养成每天上班之前刮须的习惯。胡子拉碴好似头不梳、脸不洗，看起来不但不干净卫生，而且还使本人显得憔悴不堪。另外，留有胡须的男士也必须注意保持胡须的干净、整齐。

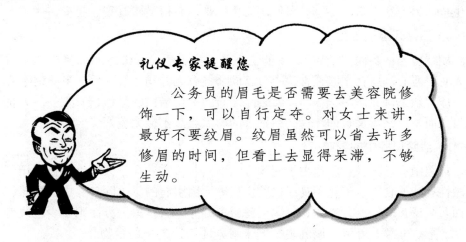

礼仪专家提醒您

公务员的眉毛是否需要去美容院修饰一下，可以自行定夺。对女士来讲，最好不要纹眉。纹眉虽然可以省去许多修眉的时间，但看上去显得呆滞，不够生动。

◈ **眼部修饰**

平时，公务员修饰自己的眼部一般需要注意以下四点：

▷ **保持眼部的清洁**

即要及时清除自己眼角的分泌物——"眼屎"。如果不及时消除而使其堆积

政务礼仪 zhengwuliyi

成"山",看上去就会显得又懒又脏。

▷ **防止患病**

眼部若患有沙眼、"红眼病"等传染性疾病,就应当自觉地避免在大庭广众之前露面,免得让交往对象"进退两难"。

▷ **避免戴着太阳镜参加公务活动**

太阳镜主要用于在户外活动时防止紫外线伤害视力。当进入室内或在室外与他人交谈时,就应当将其摘下。

▷ **保持眼镜的清洁**

戴眼镜的公务员要经常保持自己所佩戴的眼镜的清洁。应当经常揩拭、清洗镜架、镜片,以避免上面留有污垢、积尘、油渍等不洁之物。

◆ **口部维护**

公务员的口部维护应当注意以下三点:

▷ **保持双唇的干净**

不要让口角常常积存异物或白沫,不要使嘴唇因干燥、缺乏"照顾"而开裂或生疮。男士在干燥的冬季,可使用无色唇膏,免得嘴唇开裂、起皮。

▷ **搞好牙齿的卫生**

刷牙应当认真而"负责",不能三下两下完事后,牙缝之间仍留有"杂质",让人觉得恶心。要在平时经常检查自己的牙缝有无异物,发现后应当即刻除去。

应定期去口腔医院洗牙,以便去除牙石。一口洁白的牙齿,看上去使人赏心悦目,而一口又黑又黄的牙齿,给别人的印象当然不会太美好。

▷ **消除口腔中的异味**

口腔中有异味,一般是由于刷牙方法不当、食物残存于牙缝之间、食用了有刺激性气味的食物、消化不良或口腔疾病等原因引起的。去除口腔中的异味,一方面要坚持正确的刷牙方法,每次用餐后都刷牙一次;另一方面则要少吃或者不吃蒜、葱、韭菜、虾酱、腐乳之类气味刺鼻且"持久"的食物。

◆ **防止伤残**

公务员对自己面部的卫生要精心注意,不要在脸上乱抠、乱摸、乱掐、乱挤,使脸上青一块、紫一块的,到处生疮、长疖子,伤痕累累。如果患了传染性的面部疾病,如面癣、沙眼,或者软疣、痤疮等,一定要遵照医嘱休息治疗,不

第二章　形象礼仪

要"轻伤不下火线",由此而"令人担忧"。脸上、手上要是扎了绷带、贴了膏药,就不能参加外事活动以及重要的公务活动。

(五) 手部的洁净

在人际交往中,公务员的手部"承担"着握手、交换名片、献茶敬酒等职责。因此,其双手总是处于醒目之处。一双保养良好、干干净净的手,会给人以美感。而一双肮脏不堪的手,则会使人大倒胃口。因此,公务员要悉心爱护自己的双手,要以干净、卫生、雅观为其要旨。

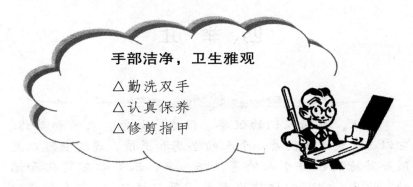

手部洁净,卫生雅观
△勤洗双手
△认真保养
△修剪指甲

◆ **勤洗双手**

在用餐之前、"方便"之后、拿过脏东西后,公务员的双手都要清洗一下。另外,双手被墨水染了色,也应当马上清洗掉。如果做不到这一点,不仅有违公务员的形象要求,而且对自身的健康也是有百害而无一益的。

◆ **认真保养**

公务员的双手若长疮、生癣、发皱、皲裂,应当予以适当处理和及时治疗,恢复其"本来面目"。另外,当自己的手指甲周围长有"死皮"时,一定要及时用指甲刀将其剪去。因为,当手指上有这种因接触脏东西而产生的死皮时,不能让别人相信自己是一个干净的人。

◆ **修剪指甲**

公务员的指甲不宜留长。长指甲是细菌滋生之处,而且手指甲过长,指甲缝

里往往留有"黑油油"的脏物,不但使双手显得十分"可恶",而且也是不讲卫生的表现。所以,要养成定期修剪指甲的良好习惯,应当至少三天修剪一次。另外,手指甲的长短有一个可供参考的"尺度",即经过修剪后的指甲,以不超出手指顶端为宜。指甲若超出这一"尺度",就应当及时地进行修剪。

另外,对一般女士来讲,涂抹指甲油算是"分内之事"。但对女性公务员来讲,若是十指涂满蔻丹,甚至十指十色、一指多色,或是十个手指所使用的指甲油的颜色与十个脚趾所使用的指甲油的颜色——呼应,把自己搞得鲜艳夺目,就会给人以浮华之感,与自己的身份不相符合。所以,女性公务员应当不用或少用一些指甲油。

四、举　止

举止,是指人们的仪姿、仪态、神色、表情和动作。它以小见大地体现着一个人的思想和感情,通过它可以见微知著地洞察每个人的喜、怒、哀、乐等心理变化和活动。故此,它一向被作为人类"第二语言",在人际交往中备受瞩目。作为一名公务员,无论在日常工作中,还是在人际交往中都要使自己的举止得体,以高素质的举止展现自己良好的礼仪形象。

自有礼仪以来,人们对于举止一直重视。早在中华礼仪创始之初,孔子就提出过"非礼勿动"的严格要求。在英文里,举止与礼仪竟然是同一个词。

举止礼仪,是人们为了克己、自律、自尊、自爱,为了维护道德、秩序,在人际交往中相互表示友好、敬意以及为了便于使自己为对方所接受,而对自己的日常举止提出的要求和规范。此外,它还包括在一定区域、一定时期之内,人们所赋予举止的某些特别的寓意和特殊的禁忌。

作为公务员,在学习举止礼仪时,所努力追求的目标,是要使自己在执行公务时,特别是处于大庭广众之前,众目睽睽之下的时刻,竭尽全力,力争做到举

第二章　形象礼仪

止得体、适度,并保持一定的风度。

举止得体,是要求人们的一切举止动作,都要合乎体统,符合身份,适应场合,并且能够恰如其分地借以传达出个人意愿。有专家认为:在人际交往中,约有80%以上的信息是借助于举止这种无声的"第二语言"来转达的,而有声有息的语言所转达的信息却绝对不会超过20%。由此可见,举止得体是何等重要。

举止适度,是要求公务员的一切举止动作,都要尽可能地符合礼仪规范标准,使之适时、适事、适宜。超过了合"礼"的标准,或是达不到合"礼"的标准,同样都是失礼于人。

保持风度,则是要求公务员的一切举止动作,应做得优美、潇洒、帅气。对于任何一位有文化、有教养的公务员来说,潇洒的风度都是梦寐以求的。

举止得体,举止适度,保持风度,都是在礼仪上对于公务员所提出的总的要求。以下再介绍公务员举止规范化的具体要求。

(一) 规　范

公务员的举止规范化的具体要求有以下九个方面:

公务员举止规范化的具体要求
△ 行止自如
△ 沉着稳健
△ 适应场合
△ 文明礼貌
△ 动作合规
△ 美观动人
△ 大方洒脱
△ 尊重对方
△ 具有品位

◆ 行止自如

自然最美,自然有如行云流水,行止自如,是举止的首要要求。不矫揉造

政务礼仪 zhengwuliyi

作,不局促呆板,不装腔作势,就是自然。微笑发自内心,不强作欢颜,不满脸堆笑。举止自如,才显示出真诚和朴实。

◆ **沉着稳健**

稳重是由工作性质和职业特点所决定的。稳重就是处事和待人接物沉着稳健、泰然自若。办事时有条不紊,精明强干,而不是毛手毛脚,丢三落四;交谈时娓娓而谈,而不是手舞足蹈,喜怒无常。

◆ **适应场合**

举止符合身份、适应场合、顺应情景,就是得体。公务员的举止,代表单位的形象,有时甚至是代表国家、民族、地区的形象,要有很强的角色意识,一举一动,必须符合身份。

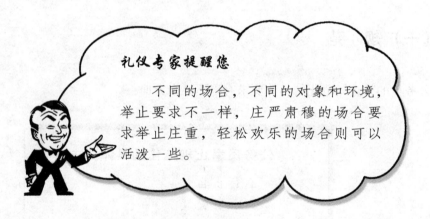

礼仪专家提醒您

不同的场合,不同的对象和环境,举止要求不一样,庄严肃穆的场合要求举止庄重,轻松欢乐的场合则可以活泼一些。

◆ **文明礼貌**

公务员的举止要体现文明礼貌,遵守公共秩序,讲究公共卫生。别人谈话时,尊重他人,安心听讲。不做一些不雅的动作,注意公共场合的禁忌。优待女性,主动给女士让座、让道。女士站立、下蹲、就座时不叉开双腿。

◆ **动作合规**

公务员的举止动作必须有规则。这是要求公务员在这方面必须严格地依照社会上约定俗成的习惯做法"照章办事",尽力使自己的所作所为合乎规矩,有例可依,而不允许另搞一套。

第二章 形象礼仪

公务员在执行公务时,代表着国家,代表着政府,因此举止动作不仅要器宇轩昂,庄严大度,气量宽宏,使人肃然起敬,而且还要表现得有规可循,合乎礼仪,让人觉得和蔼可亲。要做到这一点,公务员的举止动作就必须合乎规则。

◆ 美观动人

公务员的举止动作必须美观。这是要求公务员应当努力使自己的举止动作看起来好看,而且具有美感。

爱美是人类的天性,因此在力所能及的情况之下,公务员应当有意识地使自己的举止动作显得美观好看一些。在我国古代,关于人们的举止动作,就有"坐如钟,立如松,行如风","头容正,肩容平,胸容宽,背容直","颜色宜和、宜静、宜庄"等一系列的具体要求。其出发点,就是举止动作、神色表情皆应具有美感。

不要简单粗暴地"自绝"于世间一切美好的事物,不要把包括美观的举止在内的一切美好的事物与资产阶级画等号,否则将是十分有害,也是十分可笑的。

以站立的姿态为例,全身直立、抬头、挺胸、收腹、双腿并拢、双脚微分、双肩平直、双手搭在小腹之前、双目平视前方,瞧起来就非常好看,令人赏心悦目。

◆ 大方洒脱

公务员的举止动作必须大方。这是要求公务员的举止动作要洒脱、大气,不要小里小气,显得拘束,给人以不够开放、眼界不高、没见过世面的感觉。

例如,当公务员与他人相处时,不论对方是生人或熟人、同性或异性、长辈或晚辈、上级或部下,为了表示一心一意地重视对方,非常有必要不时地用自己的双眼注视一下对方的双眼。

要是在与他人相处时,始终不敢正视他人的双眼,或是自己的双眼与对方的

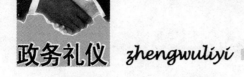

政务礼仪 zhengwuliyi

双眼稍一遭遇,便立刻闪避开来,往好里说,是害羞和小家子气;往坏里讲,也可以被理解为目中无人,或者心怀鬼胎。不管怎么讲,不敢正视他人的做法,都是要不得的。

在举止动作上表现得落落大方,是内心充实、视野开阔的传神写照,它能够自然而然地表现出公务员的丰富阅历以及自信心,因此将有助于使自己获得他人由衷的尊敬。

◆ 敬重对方

公务员的举止动作必须敬人。这是指公务员的举止动作并非单方面的行为,在除了上述八点之外,它还与公务员对待他人的看法与态度有关。通过观察公务员的举止动作,大体上就能够了解其对交往对象敬重与否。

在会晤或洽谈中,不管情绪有何变化,公务员都不准盯视或斜视自己的交往对象,不准用自己右手的食指反复指向对方的身体,否则就有可能被对方理解为侮辱或挑衅。特别要记住:千万别在谈话时"指点"别人的脸面。

与别人交谈时,不论情绪多么激动,讲话时都不要高声呐喊,特别是要避免唾液纷飞。

◆ 具有品位

这是举止的最高境界。举止优雅是精神境界、文化品位、道德修养的综合体现。要求举止在符合一般规范的基础上,追求高尚脱俗,美观雅致,坐立行走、神态表情显示出不同凡响,高人一等。除了掌握一般的举止礼仪外,需要加强自身修养和实践磨炼。

(二) 手 势

人的手势,可以表达一定的信息、思想甚至感情。手势,即人们的手臂所做的动作,以及它们在特定的情况下按照规定或习惯所处的特殊位置。对公务员来讲,手势的应用主要应注意以下三点:

第二章　形象礼仪

手势礼仪
△应当规范
△尽量少用
△不可滥用

◆ 应当规范

手势规范，是指手势在正式场合的运用，应当合乎标准和惯例。

当公务员需要为他人引导或指示方向时，标准的手势应当是：伸直并拢的手指，掌心向上，腕关节伸直，指尖与手臂形成一条直线，先指向被引导者的身躯中段，随后再指向其应去之处。若是掌心向下地如此运用，将是极其不礼貌的。在国外，它是一种被专用的"交警手势"，只有教训别人时才会使用。

夸奖别人的正确手势应是：翘起拇指，指尖向上，并将拇指指腹面向对方。可若是将翘起的拇指指尖指向地面，或是将拇指翘起来反向指向第三者，即以拇指指腹的反面指向除交谈对象外的另一个人，大概就没有人会认为这是在表示赞扬之意了。因为人们都公认前一种手势是表示想要招呼出租车，而后一种手势则是对第三者的蔑视与嘲讽。

表示欢迎、祝贺或支持时，可以鼓掌致意。其正确的手势是：以右掌有节奏地拍击左掌。若有必要，可站立起来并高举双手鼓掌。不过，社会上也流行以鼓掌来表示讽刺、反对、拒绝、驱赶之意，这被称作是"鼓倒掌"。对公务员来说，这一手势是严禁使用的。

与人交谈，充当"听众"时，不允许摆弄、"运动"自己的手指。要是把手指当众掰得"嘎嘎"直响，只能被交谈对象理解为已经心烦意乱。

政务礼仪

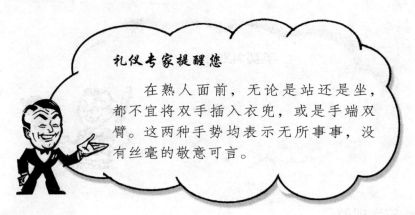

礼仪专家提醒您

在熟人面前，无论是站还是坐，都不宜将双手插入衣兜，或是手端双臂。这两种手势均表示无所事事，没有丝毫的敬意可言。

◆ 尽量少用

公务员在公务活动中，应当表现得精明强干、含蓄稳重，所以遇事应临阵不乱、处变不惊。虽然适当地使用一些得体的手势，可用辅助语言来增强表达能力，但总的来说，最好还是少用手势为妙。

手势若用得太多，动作的幅度若过大，尤其是当手势与自己的面部表情以及身体其他部分的姿势配合得不甚和谐时，通常就会使人觉得这种手势有些夸张，有些不够稳重，有些故作姿态。

◆ 不可滥用

不加节制地、无意识地乱用或滥用手势，如在别人讲话时莫名其妙地挥手、高兴时张牙舞爪、指手画脚等，既有可能让人产生反感，也可能会给别人留下装腔作势、没有涵养的印象。

（三）坐 姿

公务员的坐姿，应当以端正、文雅、得体、大方为基本之点。坐姿和站立一样，也是人们的基本举止。正确优雅的坐姿能体现一个人的礼仪修养。

◆ 坐姿的基本要求

公务员的坐姿的基本要求是"坐如钟"，做到稳重、静态、直挺、端正。坐时双手放在膝盖上或沙发的扶手上，也可以双手相叠或相握，两腿并拢或交叉，

第二章　形象礼仪

女士可以双腿并拢或交叉斜向一侧，男士则可以平踏地上，双膝稍微分开。

◈ **坐姿的禁忌**

公务员在坐姿方面的禁忌主要有以下几点：

坐姿的禁忌

△ 忌争先
△ 忌满座
△ 忌乱动
△ 忌叉腿
△ 忌乱伸
△ 忌先走

⇨ **忌争先**

公务员在落座时，不能抢在来宾、上司、长辈、女士之前入座。坐下来的时候，不应发出"响亮"的声音。对女士而言，落座时，需要先用手将裙子的后面向前拢一下而后入座。

⇨ **忌满座**

坐在椅子上，切不可将整个椅面坐满，也不要仰在椅背上。坐的时候，应当上身挺直，半坐椅面，目光平视交往对象。双手可以十指交叉或一只手搭在另一只手的手背上，然后平放于腿上或桌子上。

⇨ **忌乱动**

坐下之后，双手不能到处乱摸，或是挠痒，或是玩弄笔和纸。双手也不能抱在脑后，或双手托腮，或趴在桌面上。

⇨ **忌叉腿**

女士坐下之后，双腿一定要并拢，可以采取双腿垂直式、双腿斜放式、双脚内收式等多种坐姿。男士落座后，双腿可以稍微分开，但不能"开幅"过大，更不能呈八字形。另外，可以将右腿架在左腿之上，但不能架得太高。

政务礼仪 zhengwuliyi

⇨ **忌乱伸**

坐定之后的脚位，一般与腿位有关。重要的是不要让它们四处乱伸，东躲西藏，或是乱抖不止。

⇨ **忌先走**

离座时，应当合礼而有序。当先则先，如辞行之时；该后则后，如送客之时。离座时，动作要轻盈。一般应当自左侧入座，自左侧离座。在自己入座前或是离座后，应当主动协助长辈、上司、女士或贵宾入座、离座。

（四）站 姿

站姿，就是人们站立时的姿态。公务员在站立之时，应当显得挺拔而庄重，即身体站直，腰部挺直，挺胸而收腹，双腿并拢，双脚微分，双手交叉于身前，双肩平直，双目平视，头部保持端正。

对公务员来说，站姿的基本要求有以下几个方面：

站姿的基本要求
△站要端正
△不应持物
△双腿稍分
△双脚安稳
△避免散漫

◆ **站要端正**

站得端正，会使人显得棱角分明，线条优雅，精神焕发。如果背弓、臀撅、腹凸、胸凹、头歪、肩斜、腿曲，头部、躯干、膝部同立正时的"中轴线"相去甚远，这样的站姿肯定不会优美。

第二章　形象礼仪

◈ **不应持物**

站立时，双手应当自然大方地置于身前，垂手而立。其具体的做法是：自然下垂的双手搭在一起，贴放在腹部。另外，男士的左手可以搭在右手之上，女士的右手则可以搭在左手之上。双手不能平端或抱在胸前，也不能在别人面前将双手背在背后，更不能将一只手插入口袋或手夹香烟。这些手势都是公务员应当禁用的。

◈ **双腿稍分**

在社交场合中，公务员的双腿在站立时要注意其分开的幅度，这种幅度一般应当以不超过肩部为宜。对女士来讲，尤其是那些穿裙装的女士，站立时双腿则必须并拢。

◈ **双脚安稳**

公务员在站立时，双脚要站得老实，不要动来动去，也不要两脚分开站立，更不要两脚分开站得像"平行线"一样。有的人在大庭广众之下，把自己的双脚从鞋中拿出来，给其挠痒或用其够东西，更有甚者把双脚放在鞋上、桌子上或墙上，这些动作都是"犯规"之举。

◈ **避免散漫**

人站得久了之后，往往会感到疲劳。这时若实在无法坚持，便可以调整一下姿势。但必须避免那些不文明、不礼貌的举止，它们主要是指趴、扶、拉、倚、靠等散漫的动作。切勿找一个地方趴着，倚在桌边或墙角，使人显得自由散漫、无精打采，这都是公务员的"禁区"。

如果很需要下蹲的话，蹲下去时，应当尽可能地双腿并拢，或是采用两腿一高一低紧贴在一起的姿势，或是双腿交叉，或是单膝点地。穿裙装的女士一定要记住，蹲下去的时候，千万不能正对着别人或者双腿叉开而蹲。

（五）行　姿

行姿，即走路时的姿态。公务员的走姿看上去应显得潇洒、稳健、文雅、持重。具体来讲，行进的方向应当保持相对稳定；行进的步伐不宜过大或过小；行

政务礼仪 zhengwuliyi

进时不宜东张西望；行进时腰部要放松，上身要挺拔，腿部要伸直；双脚距离不要过大，不要走成八字步。

对公务员来讲，行姿的基本要求有以下几个方面：

行姿的基本要求
△ 行走安静
△ 行走稳定
△ 行走合礼

◆ 行走安静

公务员无论在工作或生活中选择何种走姿，都应当避免行走时带响。公务员有急事时，可以快走，但不宜跑步前进，不能让鞋底的金属物着地时发出过大的响声。

◆ 行走稳定

公务员在行走中要克服过分的"自由主义"。在行走中不能背手而行，好似散步；也不能双手前后左右飞舞；更不能在行走时连蹦带跳。另外，行走时也不能左顾右盼，瞻前顾后，摇头晃脑。

◆ 行走合礼

公务员在行走中，不应与他人抢道，不应因为自己而阻挡了他人的行进，而应当"礼让三先"，在走廊、过道、楼梯等处让道于人。遇到有贵宾、长辈、女士、上司在场时，应当从其身后"绕行"，而不宜从其前面通过。

第3章

办公与汇报的礼仪

　　办公礼仪是政务礼仪的核心内容,它是指公务员在国家行政机关里自己的办公室内,在执行公务、办理公事时所必须遵循的礼仪规范。其核心是忠于职守、勤于政务,其表现应是行为美、交际美、语言美、仪表美、环境美。

　　办公礼仪有其特定的适用时间和地点,即适用于上班时间之内,工作岗位之上。办公礼仪需要公务员在法定的办公时间内严于自律,自觉遵守。

　　汇报一般是指向特定的对象报告工作。汇报既是公务员在从事公务活动时的例行公事之一,又肩负着下情上达、反映情况问题、为上级机关提供决策依据的重要任务。因此,公务员在办公与汇报中,必须掌握和遵循机关的礼仪规范,以提高办公效率,符合政务礼仪要求,把国家公务做得更好。

本章要点

您应该记住的 7 个基本点

- ☐ 办公室是公务员工作和活动的最主要的场所,因此,公务员讲究办公礼仪就显得格外重要。

- ☐ 忠于职守、勤于政务是办公礼仪的核心,是遵守办公礼仪的本质要求。

- ☐ 公务员要内求团结,外求发展,妥善地处理好各种人际关系。

- ☐ 公务员的办公语言要力求规范,在说话时要态度端正、吐字清晰、语气柔和,还要注意说话的场合和对象。

- ☐ 公务员在公务活动中尤其是在日常办公中,要注意仪表与仪容,认真维护自身的良好形象。

- ☐ 公务员的办公室应该讲究卫生,做到窗明几净、整洁有序。

- ☐ 公务员在汇报工作时,要注意区别不同的对象,运用不同的汇报礼仪。在听取汇报时,要尊重下级,同时也要注意礼仪规范。

第三章 办公与汇报的礼仪

一、办 公

> 所谓办公礼仪，是指公务员在国家行政机关里的自己的办公室内，在执行公务、办理公事时所必须遵循的礼仪规范。
>
> 办公室是公务员个人工作活动的主要场所。在办公过程中，公务员是否讲究办公礼仪，不仅关系到国家政务机关本身的形象，而且还直接影响着公务员个人和所在机关的声誉。因此，办公礼仪无论是对公务员个人，还是对所代表的政务机关单位，都有着特别重要的意义。

礼仪是一种高尚、文明、令人赏心悦目的行为。公务员讲究办公礼仪对于本人、对于单位都有着特殊重要的意义。对人热情诚恳，办事耐心周到，以诚待人，不卑不亢，内外一致，既可以显示出对他人的尊重，也可以显示出本人的品德修养，更可以显示本单位的优良作风。有了这样以礼待人的行为方式，才能很好地发挥"枢纽"、"纽带"、"桥梁"的功能，才能真正起到"中心"、"助手"、"协调"、"化解"、"平衡"的作用，才能成为优秀的"窗口"、"门面"。

对此，公务员必须有高度的认识，把在办公中讲究礼仪的工作方式作为自己必备的素养。

对公务员而言，绝大多数人执行公务活动的地点，主要是在国家行政机关之内。准确地说，是在各自的办公室之内。由此可见，在一般的情况下，办公室是公务员工作和活动的最主要的舞台。

从适用地点上来看，办公礼仪主要适用于公务员各自的办公室之内。从适用时间上来看，在国家法定的上班时间以内，公务员都必须主动、自觉地遵守办公礼仪。可见，办公礼仪主要是供公务员在自己的办公室里上班时用以自律的。

政务礼仪 zhengwuliyi

公务员所应当遵守的办公礼仪,基本上表现为维护自我形象、勤于政务以及处理人际关系等三个方面。

(一) 忠于职守

忠于职守、勤于政务是树立办公形象的核心要求,是遵守办公礼仪的本质需求。任何心不在焉、漫不经心、松松垮垮,都是不足取的。这样的办公态度与形象,都违背了政务礼仪特别是办公礼仪的根本要求。公务员要讲究办公礼仪,提升自身形象,首先应当要求自己勤于政务、忠于职守,这就要坚持做到以下五点:

忠于职守的基本要求
△ 尽职尽责
△ 专心致志
△ 恪守时间
△ 公私分明
△ 遵守规则

◆ **尽职尽责**

每个公务员在办公过程中,都要有责任感,尽力做好本职工作,以积极主动的态度履行职责。不拖延,不推委,不能马虎应付,得过且过。

◆ **专心致志**

每个公务员在办公过程中,都要以认真负责的态度完成工作任务,勤勤恳恳,养成专心、细心的工作习惯,克服粗枝大叶、丢三落四的毛病。要集中精力办公,不要心猿意马、左顾右盼,更不要东跑西窜"探亲访友";也不能在办公室听音乐、看小说、吃东西、聊大天。

第三章 办公与汇报的礼仪

◆ **恪守时间**

遵守作息时间，不迟到，不早退。保持旺盛的精力，不能睡眼惺忪，无精打采，要避免在办公室闭目养神，瞌睡不止。

◆ **公私分明**

不得在办公时公私兼顾，处理个人私事，是公务员勤于政务的一项基本前提。在办公时，利用机会做私活，例如、化妆、织毛衣、写家信、约会私人朋友；或是利用办公设备干个人的私事，例如，洗澡、洗衣服、打长途电话、复印孩子的学习资料等，都是损公肥私的表现。

在紧张的工作之余，稍事休息，或是停下来思考一下其他问题，不为过分。但是在工作时间之内，未经允许或邀请，是不得离开自己的办公桌去找同事闲聊，去妨碍对方的正常工作的，更不可以跑到其他办公室或者外单位去"走亲访友"。若是寂寞难耐，趴在窗口朝外东张西望，或者站在办公室门外寻找刺激，也都非常失礼。

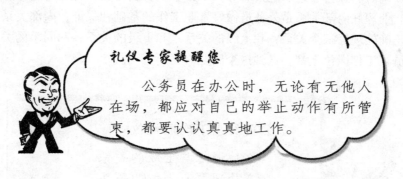

礼仪专家提醒您

公务员在办公时，无论有无他人在场，都应对自己的举止动作有所管束，都要认认真真地工作。

◆ **遵守规则**

公务员不仅要端正思想，克服不良习惯，而且还应当认真而系统地学习一些基本的办公规则。

→ 办理公务，应当提前准备，做好计划。
→ 办理公务，应当分门别类，一时一事。
→ 办理公务，应当难易结合，从难做起。
→ 办理公务，应当案头整齐，有条不紊。

（二）沟通上下

公务员在工作过程中，要同各种人接触，与各种人打交道，这就要注意塑造良好的交际形象即要注意交际关系。所谓交际美就是要妥善地处理好公务活动中的人际关系。从总体上来讲，对公务员的交际美的基本要求，就是要内求团结，外求发展，妥善地处理好各种人际关系。当然要具体而论，人际关系实际上是两大方面，第一是机关内部关系，就是机关本部门、本办公室自己人的内部关系；另外还有一个外部关系，即和外单位、外部门、社会各界的关系。这两个方面都是每个公务员需要注意的。

内部交际是当一个公务员在日常工作中处理自己的公务时与内部人员发生的关系。发生内部交际关系时，根本的一条是要依法行政，提高办事效率，妥善地全心全意地处理自己的政务，这是基本要求。但是公务员在处理政务、写文件、打电话、调研、开会、请示汇报时等，要办事，要面对人，首先要处理好的是内部关系。处理好内部关系是公务员做好本职工作的基础和保证，内部关系实际上强调要正确处理好三个关系：和上级的关系；和下级的关系；和同事的关系。任何公务员在工作岗位上都会遇到这个问题。

公务员上下沟通礼仪

△ 协调好与上级的关系
△ 处理好与下级的关系
△ 协调好与同事的关系

◆ **协调好与上级的关系**

当每一个公务员和上级共处时，需要注意以下几个方面：

▷ **尊重上级**

尊重上级是公务员的一种天职。下级服从上级，全党服从中央，是国家机关

第三章 办公与汇报的礼仪

提高办事效率、维护政府权威的基本要求。批评、自我批评是正确的，但是在外人面前，不能够在背后议论领导和同事。来说是非者，必是是非人。

⇨ 服从上级

要增强服从意识，下级服从上级，服从命令听指挥。要努力维护领导的形象和声誉，不说有损领导形象的话，不做有损领导形象的事，尊敬领导，做到不越位，不添乱。

⇨ 支持上级

支持上级，和上级处理好关系最基本的要求，就是要做好本职工作。做好本职工作，就是完成上级交给的任务，就是对上级工作的支持。做好本职工作和支持上级是统一的。

⇨ 配合上级

作为下级，对领导的工作要支持、要尊重，所表现的实际行动就是要配合他的工作，要积极地反映问题，积极地提出建议，积极地支持上级的工作，和上级搞好关系。

⇨ 当好参谋

汇报工作要预约、守时，汇报时要言简意赅，简练、准确，语速适中，不要过快。给领导提建议、意见时，要选择适当的场合、时间，注意方式、方法。与领导相处，注意保持适当的距离，既不可太近，被人以为"献媚"，也不可太远，以为你高傲、自负、冷漠。异性之间，更要注意分寸。

⇨ 主动办事

上级都喜欢自己的下属忠诚、可靠、诚实、可信；能任劳任怨，独当一面；能服从大局，同舟共济；办事自觉主动，乐观热情；成绩面前不伸手，出了问题不推委，勇于承担责任；能以团结为重，不计较个人恩怨，不纠缠个人得失。

◈ 处理好与下级的关系

作为上级公务员，只有和下级搞好关系，才能达到做好工作的目的。而要处理好与下级的关系，首先要关心下级、多支持、体谅和爱护下级，不摆架子，不以势压人，同时多注意工作方法。这是党和政府对各级担负领导职务的公务员的基本要求。其次，要支持下级。当下级工作遇到问题时，要主动为他排忧解难；当下级工作受到非议时，要挺身而出，做下级的坚强后盾。不能下级有了成绩是我的，有了错误就推到下级身上去了。上级和下级的关系，其实是一荣俱荣、一

政务礼仪 zhengwuliyi

损俱损的关系。此外，还要注意，在重大的场合，要善于向下级给予必要的帮助和应有的支持，同时在生活上、工作上以及其他方面积极地、主动地支持和配合下级的工作。

最后，要摆正与下级的关系，不搞亲亲疏疏，既严格要求，又不徇私情。对下属，要以诚恳、亲切、平等、爱护的心态对待。

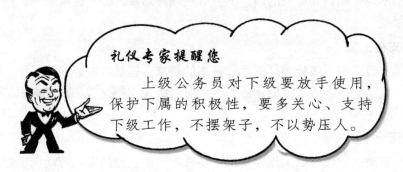

礼仪专家提醒您

上级公务员对下级要放手使用，保护下属的积极性，要多关心、支持下级工作，不摆架子，不以势压人。

◆ 协调好与同事的关系

内部关系还有一点不可回避，那就是同事关系。协调好与同事的关系要注意以下几点：

⇨ 尊重同事

尊重同事是一种常识。在任何工作岗位上和同事要互相支持，具体而论有两点：其一是要支持同事的工作；不能拆台，不能拆桥，不能和同事过不去，不能妒忌之心醋意陡升，这是非常重要的；其二就是要善解人意，遇到矛盾、困难时，要挺身而出；遇到成绩、荣誉时，要让于同事，不能成绩来了争先恐后，问题来了退避三舍。

⇨ 结成伙伴

同事之间要做到相互支持，相互关心，相互信任。要以诚相待，尊重别人，不骄不躁，不分亲疏。特别要处理好与异性同事的关系，要保持距离，不能过从甚密，尽量避免单独交往。

⇨ 互相信任

同事之间，要真诚相待，保持和谐、协调的工作关系。互相信任，互相帮助，互相体谅，乐于助人。对领导、同事一视同仁。不嫉妒，不记恩怨，不讽刺挖苦，不谈他人隐私，不伤人自尊，不乱开玩笑。发生矛盾，主动缓和。既要待人谦让，工作上又敢于争先。

第三章 办公与汇报的礼仪

（三）规范语言

公务员要注意语言美，其实就是说话交谈的规范问题。

◆ 语言美的基本要求

语言美的基本要求
△ 态度端正
△ 注意方式
△ 善于沟通

▷ **态度端正**

公务员说话时声音高，还是声音低，脾气大，还是脾气小，会不会说话，中不中听，首先是态度问题。观念决定思路，思路决定出路，态度不好，语言就不美。

▷ **注意方式**

语言重在表达，语言是沟通工具，语言是要表达意思的，词不达意，南辕北辙，那就麻烦了。

▷ **善于沟通**

说话是要讲沟通，沟通的一个重要的技巧是，既要了解别人，更要被对方了解。

◆ 语言美的方法与技巧

语言美的方法与技巧
△ 讲普通话
△ 吐字要清晰
△ 语气柔和

政务礼仪 zhengwuliyi

公务员要达到语言美，在操作方面，特别需要着重注意几个细节问题，即注意内容，注意形式，注意沟通。下面是几个可操作的技巧。

⇨ 讲普通话

发音要标准，让人听清楚，要讲普通话，公务员行为规范第八条要求品行端正，其中最后一句四个字"讲普通话"。所以提倡公务员要讲标准的普通话，发音要清楚，发音要标准。从可操作的角度来讲，公务员要执行首语普通话制。什么叫首语普通话制，就是面对群众的时候，第一句话应该讲普遍话。

⇨ 吐字要清晰

公务员讲话，必须能够让对方听得懂，为此，就必须要做到吐字清晰，不说语音含糊的话，同时，语速要均匀，不宜过快。

⇨ 语气柔和

作为公务员在日常工作和交往中，语言要文明，要跟交往对象使用尊称，要避免那些脏、乱、差的语言，不能骂人，不能训斥人，不能蛮横无理谴责非议别人，在允许的情况下，要使用基本的礼貌用语，这是做人的基本教养。这样的问题都是应该强调的语言美的基本要求。

◆ 与领导讲话的语言要求

与领导说话，称呼要得当，说话要自然，语速适中，面对领导，不能随随便便，站坐无态。向领导汇报工作，不能放慢语速，拉长语调，更不能夸夸其谈，自吹自擂。

说话要给领导留有余地，不能自己滔滔不绝，要给领导说话的机会，说话要注意姿态，不能手舞足蹈，要坐正站直，与领导保持适当距离。

（四）维护环境

环境美也是办公礼仪中不可缺少的主要内容。公务员讲求环境美，注意环境形象同样重要。窗明几净，整洁有序，能够给人美好印象。维护优美的办公环境需要注意做到如下几个方面：

第三章 办公与汇报的礼仪

使环境优美的措施
△ 宽敞明亮
△ 整洁卫生
△ 适当美化

◆ **宽敞明亮**

要保持办公室有适当的空间,及时清除废品,不要让一些不常用的物品占用办公室的空间。尽量保持办公场所有一定的采光度和亮度。

◆ **整洁卫生**

桌面要经常拾掇,及时整理文件资料,办公用品、用具要摆放整齐。坚持每天打扫,保持地面干净,门窗明亮,办公桌椅放置整齐,桌上文件、办公用品摆放有序、清洁。

办公室内放纸篓等卫生设施,公用毛巾等用具应干净。保持安静,不高声喧哗。

◆ **适当美化**

如有可能,办公室应做适当美化,可适当摆放一些工艺品和盆景,挂些字画。

搞好办公室卫生,保持清洁的工作环境,有易于提高工作效率,给来访者留下好印象,更有利于提升公务员和政府机关的公众形象。

政务礼仪 zhengwuliyi

二、汇 报

汇报，既是公务员在从事公务活动时的例行公事之一，又肩负着下情上达、反映情况、为上级机关提供决策依据的重要任务。因此，公务员在汇报工作中，必须区别不同的汇报对象，运用不同的礼仪方式，正确把握汇报的时机、地点，精心准备相关的汇报内容，争取把汇报工作做好。

（一）区别对象

汇报，一般是指向特定的对象报告工作。对公务员而言，它的确切含义是，将工作中的有关资讯进行认真的分析、研究、综合、归纳、概括和总结，然后根据实际的需要和有关的规定，就此向有关的单位、部门及其负责人进行专门报告。

汇报工作，一定要区分具体对象。面对不同的对象，应采取不同的方式、方法进行汇报。

区分汇报的具体对象
△按上下级关系区分汇报通过报对象
△以人数多寡区分汇报和通报对象

第三章 办公与汇报的礼仪

◈ **按上下级关系区分汇报通报对象**

以上下级关系相区分,汇报可以分为下级向上级的汇报和上级向下级的汇报。

汇报工作,首先是下情上达,让上级更好地全盘地了解下级的工作进展和情况,同时上情下达,上级所做的工作,上级的责任和义务履行得如何,是不是恪尽职守,是不是达到标准化要求,也需要让下级去了解。同级之间也有汇报的问题,所以,汇报首先是一种交流,是一种信息的沟通和交流,这也是公务员汇报工作所具有的重要作用。

⇨ **下级向上级汇报**

下级向上级汇报,应遵守归口管理的原则,直接去找有关的分管负责人,一般不宜擅自进行多头汇报,或越级汇报。在找不到有关分管负责人或其不负责任的情况下,才可以向上一级或其他的负责人汇报。只有涉及综合性的问题,才适合向主持全面工作的负责人直接进行汇报。

⇨ **上级向下级通报**

上级向下级通报,一般多见于在正式会议上总结工作或通报情况。在进行通报时,关键是要真实地反映情况,绝不要糊弄、欺骗、走过场。只有这样,上级才能真正赢得下级的体谅与支持。

◈ **以人数多寡区分汇报和通报对象**

以人数的多寡来区分,汇报又可以分为单独汇报与集体汇报。

⇨ **单独汇报**

单独汇报,是指一名汇报者向一名汇报对象的汇报。它可以直抒胸臆。

⇨ **集体汇报**

集体汇报,则指的是在汇报者与汇报对象单方或双方的人数不止一人的情况下所进行的汇报。它容易集思广益,群策群力,更为全面地反映问题,并引起重视。但因其兴师动众,易于影响正常工作,故只在汇报重要问题时才适合采用。

区分汇报和通报关系中不同的对象,目的是为了掌握不同方式的汇报艺术和礼仪,以使公务活动高效地进行。

（二）形式适当

汇报工作的礼仪要求公务人在汇报中，根据具体对象的不同，对汇报的方式也要有所选择。

进行汇报，在具体的方式、方法上应当有所讲究，有所选择。总的要求是，要对具体情况进行具体分析。其基本的目标，则是要力争把公务员的汇报做好。

汇报的基本形式有三种，即口头汇报、书面汇报和电话汇报。不同形式的汇报，往往适用于特定的不同情况，对此不容加以混淆。

◆ 口头汇报

口头汇报，指的是汇报者当着汇报对象的面，以口头表述的形式所进行的汇报，所以它也叫口述汇报。这种形式的优点，是可以突出要点，相互配合，可长可短，节省时间。它的缺点，则是受到时间、地点和当事人情绪的限制，往往会丢三落四，不容易全面而深入地反映情况。在一般情况下，它多用于例行的述职和面临特殊情况时的请示工作。

◆ 书面汇报

书面汇报，指的是汇报者以书面材料的形式，向汇报对象所作的汇报。按照国家的有关规定，公务员正式使用的书面汇报称做报告，属于正式公文的范畴。它的长处，是可以全面、系统、深入、细致地反映情况，说理充分，材料周全。而时效性较差，则是其主要的短处。如果说口头汇报多用于事务性工作的话，则书面汇报多用于政策性工作。需要领导批办、有所参考或加以保存时，则大都必

第三章 办公与汇报的礼仪

须选择此种汇报形式。

◆ 电话汇报

电话汇报，指的是汇报者通过打电话向汇报对象所作的汇报。它的最大的优势是时效性强，不会耽误工作。它的不足，则主要是不易深入展开，不利于双向交流。所以它仅适用于临时就某些必须办理的重要的事务性问题向上级进行请示或反映。进行电话汇报后，往往还有必要在适当之时再以口头汇报或书面汇报对其加以补充。

（三）把握时机

各级国家行政机关为了下情上达、上情下通，都应根据国家的有关规定，建立健全汇报制度。

根据时间来区别，汇报可以分为例行汇报与特殊汇报两种具体的类型。

例行汇报，指的是公务员按照本单位、本部门的有关规定，定期向特定的汇报对象所作的汇报。例行汇报通常以常规工作为内容，旨在保证领导和下级经常性地相互了解，以及取得领导的指示或是求得下级的支持。

特殊汇报，则指的是汇报者在遇到自己难以定夺的新情况、新问题时，打破常规，而临时向汇报对象所作的汇报。它多用以应付突发性事件和疑难性问题。

把握汇报的时机和地点
△ 汇报的时机
△ 汇报的地点

◆ 汇报的时机

就汇报的时机而言，总的方针是：例行汇报必须按部就班，持之以恒，不得随意变更。特殊汇报则宜少不宜多，不到万不得已之时，不要动辄将矛盾上交，妨碍上级的正常工作。

政务礼仪

进行汇报的具体时间，一般应事先约定。原则上它应由汇报对象来决定，汇报者则应悉听尊便。不过汇报者若可能的话，应有意识地避开节假日等非工作时间、用餐、午休等不方便时间，以及汇报对象过于忙碌时，免得既打扰对方，又影响汇报的效果。

◆ 汇报的地点

进行口头汇报，免不了要涉及汇报地点的选择。作例行汇报时，地点大都由汇报对象确定。而进行特殊汇报时，往往也需要汇报者对此加以选定。

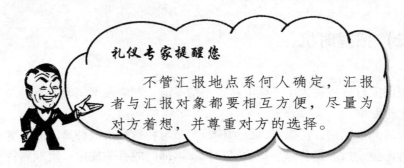

礼仪专家提醒您

不管汇报地点系何人确定，汇报者与汇报对象都要相互方便，尽量为对方着想，并尊重对方的选择。

进行集体汇报，最好是选择专用的会议室。进行特殊汇报，可以选择会议室，也可以选择办公室。但它应当有利于汇报的顺利进行，并较少受到外界的干扰。

一般而言，汇报不宜在餐厅、走廊、电梯间、马路旁或轿车里进行。在汇报对象的家中或其养病的医院、疗养院里汇报工作，也未必合适。在这些公共场合或私人场合谈论正经事，总会让人觉得有点不够正规。

（四）充实内容

无论是向谁、进行何种方式的汇报，其内容都要进行充分准备。这是保证汇报工作全面客观、准确有效的必要前提，也是办公礼仪应知应会的内容之一。

第三章 办公与汇报的礼仪

汇报内容的准备
△ 内容准确
△ 言之有物

◆ 内容准确

无论以何种具体形式进行工作汇报,首先都必须努力充实汇报的具体内容,使其越准确、越全面则越好。

准备汇报,最重要的是要实事求是。汇报工作,既不能是为了应付差事,走走过场,也不宜弄虚作假,欺上瞒下,评功摆好,沽名钓誉。像个别人那样"坐在家里定盘子,关起门来想点子,走到下面找例子,回到机关写稿子",不仅做不好工作,而且汇报起来还会误导上级或有关部门,甚至由此而产生一连串不良的连锁反应。

汇报工作,一定要丢"浮"去"假"。有什么汇报什么,如实地反映实际情况,不要进行粉饰和加工。对于自己的本职工作,该报喜就得报喜,该报忧就要报忧。不要为了维护个人利益或本单位、本部门的局部利益,而对汇报对象察言观色,阿谀奉承,对方爱听什么样的汇报,就一律无条件地予以满足,完全不顾实际状况如何,从而损害了整体利益、全局利益。

◆ 言之有物

准备汇报,必须充分而细心,但这并不意味准备汇报,就要洋洋万言,滔滔不绝,非搞长篇大论不可。汇报的内容要准备得充分,不仅是要求反映问题要全面,介绍情况要详尽,而且也要求一个"精"字。

所谓汇报的内容要精,就是要使之既言之有物,少讲大话、假话、空话、费话,又要简洁、凝炼,要长话短说,无话不说。总之,是要使之去粗取精,去伪存真。不要为汇报而汇报,小题大做,没事找事,虚张声势,指望以无限度地扩充汇报的"容量"的方法,来蒙混过关,掩盖自己的一事无成。不要耗费别人的宝贵时间。

政务礼仪 zhengwuliyi

礼仪专家提醒您

要使汇报的内容准备得充分而精练,就要求汇报者在进行汇报前,要下功夫,花力气,有的放矢地做好必要的预备工作。

➡ **认真确定汇报的主题**

若非进行综合性汇报,一般的汇报往往应当只有一个主题。也就是说,一次汇报最好只反映一个情况,只解决一个问题。不要搞面面俱到,不必贪多务得,不要求大而全。汇报前,如已确定好了一个主题,具体的内容准备,就要围绕着它来进行。若是汇报时主题过多,齐头并进,非但难于"百发百中",反而很可能因此而导致目标分散,主次不分,一无所成,劳而无功。

➡ **汇报内容客观公正**

在准备汇报的具体内容时,务必要客观、公正、确切。重点的时间、地名、人名,事件的来龙去脉、前因后果,主要的数据、例证等,都要交待得明明白白。在这些关键性的问题上,更是含糊不清,则汇报的可信程度就将令人置疑。

➡ **周密准备**

考虑到在进行汇报时,汇报对象为了进一步了解情况,很有可能会就汇报的某些具体内容进行提问或质疑。因此在准备汇报时,汇报者就应站在对方的角度来设想一下对方有可能如何"发问",然后,事先根据这些替对方模拟的问题,进行周密的准备。

第三章 办公与汇报的礼仪

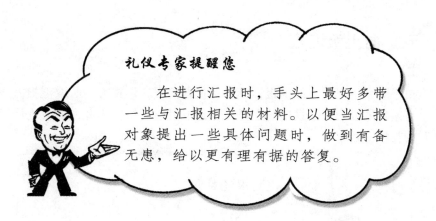

礼仪专家提醒您

在进行汇报时，手头上最好多带一些与汇报相关的材料。以便当汇报对象提出一些具体问题时，做到有备无患，给以更有理有据的答复。

⇨ **条理清晰**

准备口头汇报与电话汇报时，一定要提前列好提纲，并且将其熟记在胸。那么，在汇报时，就能够节省时间，言简意赅，提纲挈领，抓住中心。

准备书面汇报时，应当按照既定的公文格式进行。书面汇报的重点内容，应始终不离所要汇报的工作。它在大体上应包括已经完成的工作情况，正在进行的工作情况，以及将要开展的工作情况，或是与此相关的打算等几项核心内容。进一步细分，书面汇报因侧重点不同，又可以分为有关工作建议的汇报与有关工作情况的汇报。前者的侧重点，是对未来工作的建议，它多在工作开展前行文。后者的侧重点，则是对工作现状的反映，它多在工作开展之后行文。公务员在准备书面汇报时，对此两种不尽相同的具体形式，应有所分别。

总之，公务员在事先准备汇报的内容时，要搞"加法"。即尽可能多了解情况，多掌握材料，多研究问题，以详尽而充实的内容去支持自己的汇报。而在具体进行汇报时，则最好是要搞"减法"。即择其要点，去粗取精，以便突出中心，使汇报取得更好的效果。

应当注意的是，在汇报的整个过程中，"加法"与"减法"都有各自适用的特定时机，是不宜颠倒搞错的。要是在准备汇报的内容时做"减法"：懒于动手，不预备必要的材料，甚至丢弃必要的材料；而在进行汇报时则做"加法"：不讲效用，随便填充，无限扩张，本末倒置；对于汇报的效果以及整个相关的工作，都必将大为有害。

（五）向上级汇报

汇报一般是下级对上级汇报，晚辈对长者汇报，汇报方与听取汇报方之间的地位是有差异的。公务活动中的汇报，专指下级对上级，因此，要特别注意汇报工作时的礼仪。

汇报的礼仪
△ 按时守约
△ 讲求礼貌
△ 实事求是
△ 适时告辞

◆ 按时守约

遵守时间，不可失约。领导的工作日程安排比一般工作人员要严密，时间界限也相对明确。因此，向领导汇报工作，不要过早抵达，使上级准备未毕而难堪，但绝不能迟到，让上级等候过久，影响上级下一步工作的实施。

◆ 讲求礼貌

轻轻敲门，经允许后方可进门。即使门开着，也要用适当的方式告诉上级有人来了，以便上级及时调整体态、心理。汇报时，要注意仪表、姿态，文雅大方，彬彬有礼。注意上级办公室是否允许吸烟，如果可以，敬烟时应注意卫生，打开烟盒弹出几支，递向上级由他自取。

◆ 实事求是

汇报内容要实事求是，汇报口音要吐字清晰，语调、声音大小恰当。要注意上级的表情，适当掌握内容的主次。汇报工作时如果上级不注意礼仪，不满情绪不要表露得太明显，更不能与上级正面冲撞。可以以身示范暗示上级纠正错误，也可以直言相陈，但得注意言辞的艺术性。

第三章 办公与汇报的礼仪

◆ **适时告辞**

汇报结束后,应适时地请上级做指示,如果上级不宜明确表示,则不能勉强。如果上级谈兴犹浓,不可有不耐烦的情绪产生,应等到由上级表示结束时才可以告辞。告辞时,要整理好自己的材料、衣着与茶具、座椅,当领导送别时要主动表示感谢并请领导留步。总之,汇报工作时礼仪是十分需要的,每个公务员尤其需要把握这一点。

(六)听取下级汇报

前面已经讲过,汇报方与听取汇报方地位上有差异,但并不是人格上存在不平等,下级尊重上级,上级同样应礼遇下级。因此,听取汇报时也要注意礼仪规范。

听取汇报的礼仪
△ 不摆官架,善待对方
△ 讲求艺术,掌握要点

◆ **不摆官架,善待对方**

作为上级,听取下级汇报时不能摆官架,应该讲究礼节礼仪。

➪ **应恪守时间**

如果已约定时间,应准时等候,并做好记载要点的准备以及其他准备。如果确实不能准时等候,应礼貌地向下属致以歉意。

➪ **及时招呼汇报者进门入座**

听取汇报前,可以说点幽默、轻松的话题,宽松一下气氛。不可居高临下,盛气凌人,大摆官架子,让汇报者战战兢兢。

➪ **善于倾听**

当下级汇报时,可与之目光交流,配之以点头等表示自己认真倾听的体态动作。对汇报中不甚清楚的问题可及时提出来,要求汇报者重复、解释,对一些重

政务礼仪

要的或关键的问题可提示下级详细汇报，也可以适当提问，但要注意所提的问题不至于打消对方汇报的兴趣。

⇨ **不要随意中断汇报过程**

听汇报过程中随意进行批评，会让下级感到无所适从，也不要在其间随意拍板，让下级认为领导处理草率，要注意三思而后言。听取汇报时不要有频繁看表或打呵欠、做其他事情等不礼貌的行为出现。确实有必要要求下级结束汇报时，要通过体态语或委婉的语气告诉对方，不能粗暴打断。如果已到了吃饭时候，可挽留下级吃便饭。

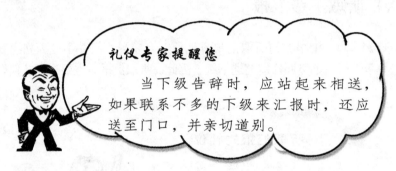

礼仪专家提醒您

当下级告辞时，应站起来相送，如果联系不多的下级来汇报时，还应送至门口，并亲切道别。

◆ **讲求艺术，掌握要点**

注意听取汇报时的艺术，既有助于提高工作效率，也是对下级的一种尊重。

⇨ **专心致志**

汇报方的汇报是对听取汇报方的尊重，听取汇报也是公务员职责之要求。所以要尊重对方，要完善对方对你的尊重，专心致志是非常重要的。

⇨ **抓住重点**

要善于去粗取精、去伪存真、由此及彼、由表及里，否则来者不拒、广而收之，没有重点、喧宾夺主或者主次不分，效果是不好的，要善于抓住重点。

⇨ **及时办理，及时转办**

群众也好、部下也好、其他部门也好，如果汇报的问题能够解决，要当机立断，解决不了要汇报要转办，不能得过且过，敷衍了事，反复搪塞，这样是一种失职。

⇨ **进行必要的记录**

听汇报要做到胸中有数，才能够完善自己的职责，做好自己的工作。记性再好，不做书面的记录，未必能够全部记住，何况当众进行记录，也是对汇报者的一种尊重。

第 4 章

会议与庆典的礼仪

　　召开会议是一项基本的公务活动，它需遵守一定的程序，以保证会议的有序进行；它有一定的会议纪律，要求出席者共同遵守。会议是公务活动中影响最大的公众场合之一，与会者要保持良好的精神风貌，通过出席会议，可以树立良好的公众形象。公务员在出席会议时的表现，在很大程度上影响着自己的公务形象，间接地还影响着人们对国家机关的看法。所以，公务员无论是主持召开会议还是参加会议，都要端正工作作风，遵守会议纪律，按照会议的程序和要求行事，不做违背会议礼仪的事情，不说违背会议礼仪的言语。只有这样，才能保证会议的成功，使会议达到预期的效果。

本章要点

您应该记住的 6 个基本点

☐ 公务员在出席会议时所表现出的文明程度,在很大程度上影响着自己的公众形象,同时还关系着人民群众对政府机关的看法。

☐ 会议礼仪的主要内容是,科学制定并严格遵守会议的组织程式,包括会议规划的制定、会议筹备工作、会议进程的组织和会议的收尾工作。

☐ 遵守会议纪律,是对公务员与会时的基本要求。公务员与会时,应成为与会者遵守会纪的模范。

☐ 政务庆典活动必须符合礼仪规范,只有这样才能收到举行庆典活动的预期效果。

☐ 开展表彰活动的目的是激励先进,树立典型,弘扬正气,褒奖优异。表彰会应注意选好典型,表彰适度,组织有序,活动有礼。

☐ 开好新闻发布会是国家机关塑造良好社会形象、推动政务开展的重要活动。为此,必须明确会议主题,选好主持人与发言人,充分做好准备工作和会议善后工作。

第四章　会议与庆典的礼仪

一、会　议

会议，是指将人们在一起研究、讨论有关问题的一种社会活动方式。参加会议，对公务员而言，是一项经常性的公务活动。公务员在出席会议中的礼仪文明程度，在很大程度上影响到自己和行政机关的公众形象。站在更高的层次上来看，甚至关系着人民群众对整个国家行政机关的看法。

（一）会议的组织

会议礼仪的基本内容之一是会议的组织程式。从组织者的角度来说，包括会议规则的制定、会议的筹备工作、会议进程的组织和会议的收尾工作。

会议礼仪的基本内容
△会议规则的制定
△会议的筹备工作
△会议进程的组织
△会议的收尾工作

◆ 会议规则的制定

组织会议要有规则。有些会议有完整的规则，它由有关法规和制度规定；有

政务礼仪 zhengwuliyi

些则需要会前专门制定,以便使会议召开有章可循,会议组织有条不紊。

◆ **会议的筹备工作**

做好会议的筹备工作,首先需要在确立了会议中心议题的前提下,拟定出席会议的议程,及时通知与会人员,特别重要的会议,可发预备通知,以便使与会者提前做好必要的准备;对会议通知中未尽事宜可发补充通知。

同时,要根据会议的规模、大小来选择会场的档次、大小。会场布置也要和会议内容相符,主席台上方要挂有该会议名称字样的横幅,会场中宣传标语的张贴应视会议的档次定,一般会议可不张贴。主席台人员的席签也应视会议性质和档次确定是否摆放。如果是大型会议如全国人民代表大会等,还应制作参加会议代表团的标牌、指示路线的路标及表示欢迎的室外标语等。要事先装配、调试会场灯光、音响设备,以及会场茶水、饮料等物品的采购、准备,一些大型会议还得配备保安、医务人员及有关设施。

做好迎送接待工作,也是会议筹备工作不可缺少的重要内容。凡是一些大型、中型的会议,一定要安排好与会者的接待迎送工作。要及时统计参加会议人员的报到情况,对该报到而未到又没有任何消息的与会者,会务处应及时了解交通状况,以便做出相应的处理。对报到的与会者要及时通知会议日程安排、作息安排以及注意事项等。

礼仪专家提醒您

如果前来参会的是德高望重的领导、权威人士或是老弱病残者,还应该安排车辆、人员前往机场、车站接送,会议期间的食宿起居应安排人员专职服务。

◆ **会议进程的组织**

会议是一个程序化很强的流程,需要对每一个环节和步骤加以科学合理的安

第四章　会议与庆典的礼仪

排，对会议进程进行适当和必要的调度。会议组织者要对整个会议有一个总体安排，会议主持人要掌握会议的进程，保证会议如期举行，准时开会，按部就班，顺利完成各项议题。会议进程体现在会议程序安排之中，包括会议日程安排和会议程序的推进。

◆ 会议的收尾工作

会议能否取得成效，除了精心筹备、周密安排外，还需要做好收尾工作。其主要工作有：形成会议结论或可供贯彻、传达的文件，对会议文件材料进行处理，为与会者离会提供服务，做好会议总结。

（二）会风的改进

会风，从根本上讲，是政风的一种反映，是国家行政机关及其工作人员思想作风、工作作风在会议举行过程中的具体表现。

就目前而言，会议过多，会期过长，会议讲排场、铺张浪费而不解决实际问题，会上陈词滥调、东拉西扯、没有中心，对重点问题议而不决、决而不行、不了了之等，均属不良会风。它们不仅影响了国家行政机关的行政效率，而且与社会主义国家的政风也格格不入。

◆ 端正会风要则

要端正会风，就要不断改进会风，需要坚持以下三大要则。

端正会风要则
△破除官场习气
△严格管理会议
△严肃处理滥办会议者

▷ 破除官场习气

不准搞形式主义的会议，不能将会议举行的多少与政绩挂钩。

政务礼仪 zhengwuliyi

⇨ **严格管理会议**

对于会议的准备、议程、时间、地点、膳宿等，都应做出明确规定，并且应由专人负责，领导把关。

⇨ **严肃处理滥办会议者**

对于滥办会议者，只批评、教育还不够，在必要时，惟有依照有关法规给予严肃处理，方能奏效。

国家行政机关要改进工作作风，落实到会议问题上，则要努力提高会议效率。提高会议效率，在此主要指的是，在举行必不可少的会议时，尽可能以更少的时间、人力、财力、物力，去取得最圆满的会议效果。它也是改进会风的一个具体表现。

◆ **改进会风措施**

国家行政机关出面召集的会议，通常可分成两类：一类是政策的研究性会议；另一类则是行政的协调性会议。即使举行这两类必不可少的会议，也必须采取必要的措施，来保证提高会议效率。

> **改进会风措施**
> △ 集中主题
> △ 压缩内容
> △ 限定时间
> △ 改进方式

⇨ **集中主题**

在一般情况下，一次会议应有单一的主题。假定要把几个内容并到一次会议上讲，亦须确保会议主题鲜明。这样便于执行会议精神，且不易使会议松散。

⇨ **压缩内容**

如有可能，应围绕会议主题，将毫无实际意义的内容统统删去。有些发言，可以书面材料形式代替。不提倡领导同志出席与己无关的会议，会议的组织者也不得以此举来抬升会议档次。

第四章 会议与庆典的礼仪

⇨ **限定时间**

对会议的起止时间和发言时间，事先应明确规定，届时也要严格遵照执行。这样一来，将有助于从根本上纠正会议冗长拖沓的不良风气。

⇨ **改进方式**

只要能解决问题，则对于会议的举行方式在一般情况下可以灵活多样，不必拘泥。实践证明：利用电视、电话、广播以及计算机网络举行电话会议等，既节省时间、开支、人力、物力，又不会耽误工作，是一种值得推广的现代化会议方式。

（三）程序的规范

规范会务程序
△会前的组织工作
△会议进行中的工作
△会议结束后的工作

一次会务能否取得圆满成功，在很大程度上取决于组织工作是否按照严谨的会务程序进行运作。国家行政机关的会议，尤其是大规模、正式的会议，在会议进行前、会议进行中和会议进行后的组织、准备工作的会务程序要求，往往各有不同。

◆ **会议进行之前**

会议进行之前的组织工作，大体上共有四项：

政务礼仪 zhengwuliyi

会前的组织工作
△ 确定会议主题
△ 拟发会议通知
△ 起草会议文件
△ 做好会务工作

⇨ **确定会议主题**

凡正式会议，皆应首先确定其主题。所谓会议主题，即召开一次会议的指导思想。会议的主题，不仅可在其具体名称上有所体现，而且往往也是确定会议的方式、内容、议程、任务、期限、人员的先决条件。

⇨ **拟发会议通知**

会议通知，是会议主办单位发给与会单位和个人的书面文件。其要点有六：标题、主题、会期、出席对象、报到时间与地点以及与会要求。通常会议通知应提前下发，并保证及时送达。

⇨ **起草会议文件**

会议所需要的各种文件材料，均应在会前准备完成，并在会议正式开始之前发给全体与会者人手一份。应当认真准备的会议文件，主要有开幕词、闭幕词、主题报告、大会决议等。在起草会议文件时，需要实事求是，有的放矢。

⇨ **做好会务工作**

在会议时，许多具体的事务性工作，应当提前——认真做好。要重点安排好会议工作人员，布置好与会者的接待，联系好传媒，准备好会议的场地，并且对会议举行时所需使用的各种音响、照明、投影、摄像、空调、通风设备进行必要的调试与检查。

◆ **会议进行之中**

会议进行之中的纯会务性工作，主要包括如下四项：

第四章　会议与庆典的礼仪

会中的会务工作
△人员签到
△例行服务
△做好记录
△编写简报

⇨ 人员签到

为统计到会人数，并确保会议的安全，大型的正式会议往往要对与会者进行人员签到。其具体做法有：签名签到、磁卡签到、交券签到、画名签到等方式。有些会议不必签到，而代之以凭出席证、列席证、会议通知入场。

⇨ 例行服务

会议正式进行时，在会场内外应安排专人迎送、引导、陪同与会人员。对与会的老、弱、病、残、孕者，还须重点加以照顾。此外，对于与会者的一切正当要求，应有求必应，闻过即改。

⇨ 做好记录

凡重要会议，皆应做好必要的会议记录。正规的会议记录，不仅要由专人负责，而且还须包括会议名称、出席人数、时间地点、讨论事项、发言内容、临时动议、选举表决以及记录员姓名等方面的详尽内容。

⇨ 编写简报

会期较长的会议，一般应编写会议简报，以对会议动态、过程、反响、内容进行扼要报道，并帮助有关方面掌握会议的全局。会议简报，通常要求快、准、新、简。快，则要求讲究时效。准，则要求准确无误。新，则要求富有新意。简，则要求字少篇短。

◆ **会议进行之后**

在会议结束之后，一般有三项必不可少的具体工作要求：

会后的收尾工作
△ 形成会议文件
△ 处理会议资料
△ 提供返程方便

⇨ **形成会议文件**

会议，在其结束前后，一般均应形成会议决议、会议纪要等专门性的会议文件。它们既是一次会议的主要成果，又是与会者将来贯彻、落实会议精神之所据。形成会议文件时，应当集思广益，求同存异，并且力求简明扼要。

⇨ **处理会议资料**

会议有关的一切图文、声像材料，应当根据保密制度与工作需要，于会后集中进行处理。该汇总的会议资料，要认真汇总；该存档的会议资料，要一律存档；该回收的会议资料，要如数收回；该销毁的会议资料，则要仔细销毁。

⇨ **提供返程方便**

在会议结束后，应为全体与会者的返程提供一切便利。在必要时，应主动为对方提供、联络交通工具，或是为其订购、确认返程的车票、船票、机票。当团队与会者或与会的年老体弱者离去时，还可安排专人为其送行。

（四）座次的排列

会议座次的排列，首先需要解决三个问题：

一是会议有没有必要排列位次。两三个人的小型会议，排位次就不必要了。

二是会议的性质和形式如何。会议召开一般是内外有别，中外有别，不同性质、不同形式的、不同规模的会议，坐次排列的讲究是大不一样的。

三是要注意规范会议位次排列的标准化做法。一般来讲，政务会议、公务会议大体上是两种：小型会议与大型会议。

小型会议一般是指本系统内部的会议。大型会议一般是指跨行业、跨部门、跨机关、跨地区的一种综合性的会议。

第四章 会议与庆典的礼仪

◆ **大型会议的位次排列**

举行大型会议时,需要分别对主席台与群众席进行排位。

▷ **主席台排座**

在主席台上排座时,一方面要安排主席团成员的位次,另一方面则要安排好发言席。

安排主席团成员的位次时,有三条规则必须遵守:

第一,中央高于两侧。
第二,左侧高于右侧。
第三,前排高于后排。

具体而论,排座时又有单数(见图4—1)与双数(见图4—2)之别。

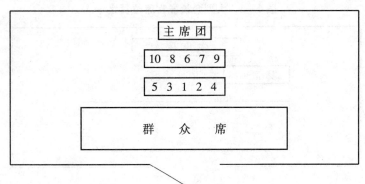

图4—1 大型会议主席团排座之一

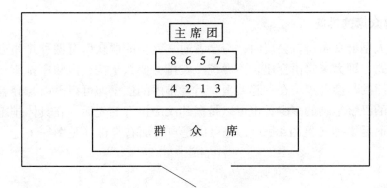

图4—2 大型会议主席团排座之二

发言席，又称讲坛。它是指人们在会议上正式发言时所处的位置。在大型、正式会议上，发言者发言时不应坐而不起。其常规位置有二：要么是主席团正前方（见图4—3），要么则是主席台右前方（见图4—4）。

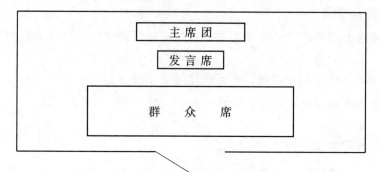

图4—3 大型会议发言席位置之一

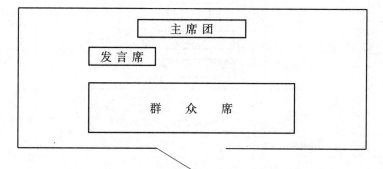

图4—4 大型会议发言席位置之二

⇨ **群众席的排座**

参加大型群众席排位会议时，与会者通常就坐的群众席有两种排座方式。要么是自由式，即大家自由择座，不做统一安排；要么是按一定顺序排座，请各单位、各部门的与会者集中在一起就坐。后者排序的依据即可以是以与会者所在单位或部门的汉字笔画的多少，也可以是据其汉语拼音的先后。在具体排座时，可以是自前而后横排（见图4—5），也可以是自左而右竖排（见图4—6）。

第四章 会议与庆典的礼仪

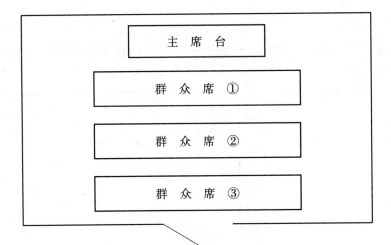

图 4—5　大型会议群众席排座之一

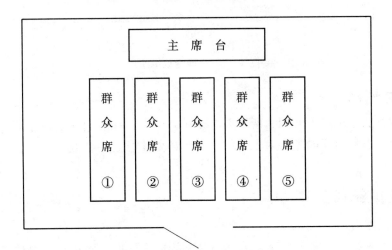

图 4—6　大型会议群众席排座之二

◆ **小型会议的位次排列**

举行小型会议时，排座比较简单，主要有三种方式：

➯ **自由就坐**

它一般不设固定座位，而由与会者完全自由地就坐。

⇨ 面门设座

它通常将面对正门之位定为主席之座。其他与会者则可在其两侧自左而右依次就坐（见图4—7）。

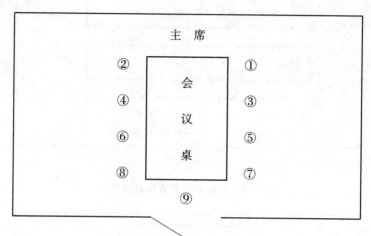

图4—7 小型会议排座

⇨ 居中设坐

即中央的位次高于两侧，所以有必要排列位次，一般中间的位次高。如果有可能的话，小型会议的主持人不是一个人时，要注意左高右低。

（五）纪律的遵守

遵守会议纪律，是对公务员与会时的基本要求。会议纪律是为确保会议顺利进行所专门制定的条款，或是对与会者约定俗成的要求。从某种意义上说，遵守会议纪律就是遵守会议礼仪，就是要求与会者身体力行地端正会风。

一般而言，公务员出席会议时，所须严守的会纪有以下四项内容。

第四章 会议与庆典的礼仪

遵守会议纪律的要求

△ 规范着装
△ 遵守时间
△ 专心听讲
△ 维护秩序

◆ **规范着装**

大凡国家行政机关的会议，都具有很强的礼仪色彩。因此，公务员在正式与会时，务必要对自己的衣着打扮多加检点。担负领导职务者，尤须注意此点。

在一般情况下，公务员在出席大型的正式会议时，尤其是在主席台上就座或有可能发言、主持会议时，切勿随便穿着夹克衫、T恤衫、无袖装、健美裤、超短裙以及短裤、拖鞋之类不甚严肃、正规的便装。穿着深色的套装、套裙或是款式保守、色彩庄重的长衫、长裙、长裤，才是适宜的。

◆ **遵守时间**

出席正式会议时，不论身为主角还是配角，公务员均应自觉地、模范地遵守时间方面的有关规定。

➪ 提倡准时到会

凡准备出席正式会议，一定要按时到会，不得无故迟到、缺席。必要时，参加会议的具体时间还须留出一定的提前量。

➪ 提倡正点开会

已正式规定了开会时间的会议，一定要在规定的时间正式开会。以任何借口延迟开会，都是对守时者的不尊重。

➪ 提倡限时发言

为了更好地从宏观上控制会议的时间，应对与会者发言的具体时间做出精确的、具体的限制，以促使其发言时少讲、精讲。

➪ 提倡到点散会

若无特殊原因，规定的会议结束时间一到，即应立即宣布散会。任意延长会议，是不适宜的。

政务礼仪 zhengwuliyi

◆ **专心听讲**

参加会议时，每一名公务员皆须在会场上自觉地专心听讲，以便全面地、准确地理解与掌握会议的精神。必须予以强调的是，当他人发言时，在场者专心致志地听讲，是尊重对方的一种重要表现。反之，其他与会者倘若在别人发言时神不守舍，灵魂出窍，则是对对方不尊重、不友好的做法。

当他人发言时，切不可破坏会场的安静，或是直接损害发言者的情绪。尤其应当注意，不要在他人发言时与身旁之人交头接耳、窃窃私语，或者煞有介事地传递文件、纸条。在主席台上就座者，更是应当为人表率，注意此点。

在他人发言期间，要尽量减少自己不必要的动作。不要摇头晃脑，指指点点，大打哈欠，闭目养神，挤眉弄眼，乱出怪相，读书看报，接打手机，反复看表，东张西望。此类动作不仅易于招惹误会，而且往往也说明自己心神不定，用心不专。

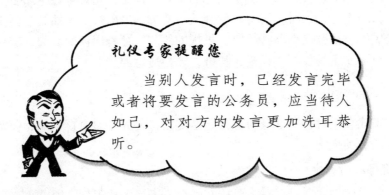

礼仪专家提醒您

当别人发言时，已经发言完毕或者将要发言的公务员，应当待人如己，对对方的发言更加洗耳恭听。

◆ **维护秩序**

要按照会议安排就座。随意就座的也不要呼朋唤友，挑挑拣拣。会间不要随意走动，进出频繁。用正当和得体的方式对会议做出反应，必要时可以掌声鼓励，不满时不能喝倒彩、吹口哨、瞎起哄。不要有一些不良的举动，包括吸烟、吃零食、打电话等。

（六）与会的要求

为了开好会议，达到预期的会议目标，参加会议的各类人员，都应遵守一定的礼仪规范。

第四章　会议与庆典的礼仪

◆ **组织者**

会议组织者是会议的策划者和服务者，要对会议进行严密的组织，为会议的顺利进行提供各种服务。要使会议充分准备，严密组织，需要及时掌握会议动态。需要热情周到，认真负责，耐心细致，彬彬有礼。

◆ **主持人**

主持人是会议成功的关键人物。要求着装庄重得体，举止沉稳大方，神态自若，口齿清楚，步速适当。主持人的一举一动，都会成为与会者关注的焦点，要显示出一种领导者的风度和气质。

◆ **主席团**

主席团成员首先要明确自己的身份和责任，严格要求自己，以身作则，率先垂范，成为所有与会人的楷模。出席会议要守时，决不可迟到。确实不能按时出席的必须及时请假，通知主持人或者有关工作人员。入场要按照顺序井然入座，不可临时推推让让，故作姿态。如果会场有掌声欢迎，主席团应鼓掌微笑致意。

在会议进行中，不得任意离开，左顾右盼，交头接耳，要精神专注地倾听发言人的发言。需要鼓掌时应当及时鼓掌，鼓掌要随众而起，随众而止，动作要适当节制，不要显得漫不经心。

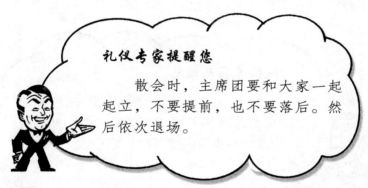

礼仪专家提醒您

散会时，主席团要和大家一起起立，不要提前，也不要落后。然后依次退场。

◆ **发言人**

发言人是会场的中心人物，对会议的质量有着首要的作用。发言人的发言要言之有的、言之有理、言之有物、言之有味，使听众能了解主旨，有所收获。发言人要尊重听众，尊重主持人，遵守会议纪律。

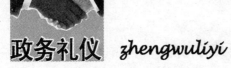

政务礼仪 zhengwuliyi

发言人要注重仪表和举止姿态。要衣着整洁,举止庄重、表情自然、精神焕发。

发言前,要环顾全场,向听众致意,如有掌声,亦应鼓掌还礼。

发言时,要讲究语速,不快不慢;讲究音量,不高不低;讲究节奏、语气、声调;始终要保持感情充沛,重要的地方,要加重语气,提高音调,形成高潮。如果会场出现松弛,听众精神涣散时,应考虑调整语气,稳定情绪,必要时应调整内容,压缩时间。

报告结束时,要向听众和主持人致谢。

◆ **会议嘉宾**

会议嘉宾与主席团一样,在会场中占有重要位置,作为嘉宾参加会议,除了必须像主席团成员那样讲究礼仪外,还应当注意了解会议内容、程序和对本人的要求;了解会议时间、地点和有关规定。参加会议要守时、礼貌、客随主便,听从主人安排。切不可马虎了事,敷衍应付,甚至高傲自负。

◆ **会议代表**

参加会议的代表,要遵守纪律、讲究礼仪。进入会场,要轻声轻气,动作要严谨轻缓,发言人开始和结束发言时,要鼓掌致意,重要的贵宾讲话时,可以全体起立,并报以鼓掌。发言人发言时,要认真倾听,必要时要做记录。不要交头接耳,左顾右盼。

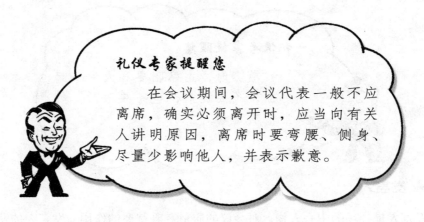

礼仪专家提醒您

在会议期间,会议代表一般不应离席,确实必须离开时,应当向有关人讲明原因,离席时要弯腰、侧身、尽量少影响他人,并表示歉意。

第四章　会议与庆典的礼仪

二、庆　典

庆典活动是围绕重大事件或重大节日而举行的庆祝活动仪式。庆典活动的目的，是为了激发某种感情，鼓舞斗志，为举办庆典单位扩大知名度和影响，树立良好的公众形象。国家一些重大的庆典活动，如国庆，香港、澳门回归，三峡大坝合龙等举办的庆典活动，不仅是具有历史意义，而且可以振奋民族精神，扬我国威。

政务庆典活动必须符合礼仪规范，只有这样才能收到预期效果。

（一）庆典的类型

庆典活动的种类很多。有为了纪念某一节日、纪念日而举行的庆典，有为了庆祝某一成就、获得某一荣誉而举行的庆典，有为了庆祝组织机构的成立而召开的庆典，更多的是为一个工程、项目的动工、竣工、开业、结业而举行的庆典。庆典活动一般是举行典礼或剪彩仪式。剪彩仪式，是指在举办展览会、展销会或新设施、新设备竣工启用时而举行的剪断彩带色绸的庆典活动。其目的也是引起社会各界人士广泛注意，扩大宣传效果。

常见的典礼活动如下：

政务礼仪

常见的庆典活动

△ 节庆典礼
△ 庆功典礼
△ 奠基典礼
△ 竣工典礼
△ 通车典礼
△ 通航典礼

◆ 节庆典礼

节庆典礼是指围绕重大节日和纪念日举行的庆祝活动。一类是传统的公共节日，如国庆、元旦、春节、建军节、"三八"妇女节、青年节、圣诞节等；另一类是一些纪念日，如企业成立周年纪念日。这类庆典活动一般是定时举行，通常结合当前的中心任务组织。

◆ 庆功典礼

庆功典礼是指根据单位或成员获得某项荣誉、取得某些重大成就、重大业绩、重大进展而举行的庆祝活动。如抗击非典庆功典礼、某市荣获"全国卫生城市称号"、某企业荣获"建设部评定装饰施工一级和设计甲级企业"、某轿车厂"第100万辆轿车下线"、某电视机厂"超大屏幕彩色电视机开发研制成功"等。

◆ 奠基典礼

奠基典礼是指重大工程项目如楼宇、道路、桥梁、河道、水库、电站、码头、车站等建设项目正式开工时，举行破土动工的仪式。这类庆典起庆祝性、纪念性作用。如果是政府投资建设的项目，则需要有关公务员来组织此类典礼。

◆ 竣工典礼

竣工典礼是指某一工程项目建成完工时举行的庆贺性仪式。包括建筑物落成、安装完工、重大产品成功生产等。这类典礼一般在竣工现场举行。如果是政府投资建设的项目，则需要有关公务员来组织此类典礼。

第四章　会议与庆典的礼仪

◈ **通车典礼**

通车典礼是指重大交通建筑如公路、铁路、地铁、桥梁、隧道等，在正式交付使用前举行的庆祝活动。如果是政府投资建设的项目，则需要有关公务员来组织此类典礼。

◈ **通航典礼**

通航典礼又称首航仪式，是指飞机、轮船正式开通一条新航线时举行的庆祝活动。此类典礼往往由政府的公务员来组织。

（二）庆典的原则

典礼是一种常见的隆重的仪式。办一件事通过举行典礼仪式，会产生强烈的效果。一方面可以表示自己的郑重、庄严，渲染出与内容相应的浓烈气氛；一方面可以引起社会各方面和广大群众的注意和重视，强化效果。那么，典礼的礼仪原则究竟有哪些呢？

庆典的原则
△典礼规模要适度
△典礼要合乎规范
△典礼开支要合理

◈ **典礼规模要适度**

要求典礼的具体形式与规模应与本单位的实际情况相符合，切不可脱离现实而追求形式主义，虚张声势。

◈ **典礼要合乎规范**

典礼最重要的作用，在于它既能吸引外界对于本单位的重视，又能唤起本单

政务礼仪 zhengwuliyi

位员工的自信心和自豪感。所以典礼要搞得郑重其事,既合乎规范又富于新意。

◆ 典礼开支要合理

举行有关仪式时,不仅要尽可能地做到热烈而隆重,而且还要精打细算,避免浪费。

(三) 庆典的规范

庆典的一般礼仪规范主要有以下九个方面:

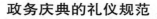

政务庆典的礼仪规范

△体现庆典的特色
△制定庆典活动方案
△做好邀请工作
△认真布置会场
△搞好接待工作
△安排适当的程序
△制造热烈氛围
△掌握节奏
△发言精彩

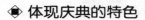

◆ 体现庆典的特色

庆典既然是庆祝活动的一种形式,那么它就应当以庆祝为中心,把每一项具体活动都尽可能组织得热烈、欢快而隆重。不论是举行庆典的具体场合、庆典进行过程中的某个具体场面,还是全体出席者的情绪、表现,都要体现出红火、热闹、欢愉、喜悦的气氛。惟其如此,庆典的宗旨——塑造本单位的形象,显示本单位的实力,扩大本单位的影响,才能够真正地得以贯彻落实。

第四章 会议与庆典的礼仪

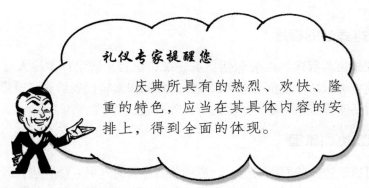

礼仪专家提醒您

庆典所具有的热烈、欢快、隆重的特色，应当在其具体内容的安排上，得到全面的体现。

◆ **制定庆典活动方案**

每一个庆典活动，必须制定一个活动方案，包括典礼的名称、规格规模、邀请范围、时间地点、典礼形式、基本程序、主持人、筹备工作、经费安排等。庆典活动要执行国家有关规定，重大庆典活动一般要报上一级机关审批，如县一级举办重大庆典活动，要报市委、市政府审批并报省委、省政府办公厅备案。其他庆典活动要经有关领导审批。

◆ **做好邀请工作**

邀请的来宾一般包括政府有关负责人、社区负责人、知名人士、同行代表、新闻记者、员工代表及公众代表等。邀请应郑重其事，使用印刷精美的请柬，并尽早发出去。

◆ **认真布置会场**

会场要突出庆祝的气氛，可以挂横幅、插彩旗、张贴宣传标语。主席台前要摆放鲜花花盆，台布要干净、平整、色彩热烈或纯洁。会场大小与到会人数应相衬，如果会场太大而到会人数相差太远，就会空空荡荡，有一定的冷清感，影响热烈的会议效果。太小，会场容纳不了应该参加会议的人员，使许多人站着、挤着，也不妥当。

◆ **搞好接待工作**

庆祝典礼的规模一般都较大，内宾、外宾都有，会议组织者应当妥善做好迎送接待工作。当来宾莅临，便应由专人引入来宾室或会场。上级部门的领导，应由主办单位负责人亲自迎送。会间要准备好足够的茶水，以备与会者，特别供来

政务礼仪 zhengwuliyi

宾饮用。

◆ **安排适当的程序**

合理安排庆典程序，一般包括：重要来宾留言、题字；主持人宣布活动开始；奏国歌或奏乐，介绍重要来宾；领导人致词和来宾代表讲话；剪彩、参观活动等。有时还安排座谈、宴请、文艺节目等活动。

◆ **制造热烈氛围**

会上可以安排一些助兴的项目，造成热烈喜庆的气氛，如在庆典开始前段可以敲锣打鼓、播放欢快乐曲、燃放鞭炮礼花等，会后可以安排与庆典内容、气氛一致的文艺节目。

◆ **掌握节奏**

会议发言应尽可能短而精，还可穿插宣读捷报、喜报、贺电、贺信等内容。注意节奏紧凑，高潮迭起，不要造成冷场。

◆ **发言精彩**

主持者、发言者口齿要清楚，声音要洪亮，发音要标准，语句要娴熟，语调要宣传鼓动性。当一个发言结束时，主持人要引导与会人鼓掌，这既是对发言者的尊重，也是为了使会议有一个热烈欢快的气氛。

（四）庆典的参加

参加庆典活动的公务员，均应特别注意自己临场之际的举止表现。其中，主办单位人员的表现尤为重要。

主办单位按照仪式礼仪的规范，作为东道主的商界人士在出席庆典时，应当严格注意的问题涉及以下七点：

第四章 会议与庆典的礼仪

参加庆典的礼仪

△ 仪容整洁
△ 服饰规范
△ 遵守时间
△ 神态庄重
△ 友好交流
△ 行为自律
△ 发言简短

◆ **仪容整洁**

参加庆典的主办方人员，事先要洗澡、理发，男士应刮胡须。不允许蓬头垢面、胡子拉碴、浑身臭汗。

◆ **服饰规范**

有统一式样制服的单位，应要求以制服作为主办方人员的庆典着装。应规定届时出席庆典的人员必须穿着礼仪性服装，即男士应穿深色的中山装套装，或穿深色西装套装，配白衬衫、素色领带、黑皮鞋。女士应穿深色西装套裙，配长统肉色丝袜、黑色高跟鞋，或者穿深色的套裤。

◆ **遵守时间**

上到主办方的最高负责人，下到级别最低的员工，都不得姗姗来迟、无故缺席或中途退场。如果庆典的起止时间已有规定，则应当准时开始，准时结束。

◆ **神态庄重**

在举行庆典的整个过程中，都要表情庄重、全神贯注、聚精会神。庆典之中安排了升国旗、奏国歌的程序，一定要依礼行事：起立，脱帽，立正，面向国旗或主席台行注目礼，并且认认真真、表情庄严肃穆地和大家一起唱国歌。

◆ **友好交流**

主办方公务员对来宾态度要友好。遇到来宾，要主动热情地问好。对来宾提

政务礼仪 zhengwuliyi

出的问题，都要立即予以友善的答复。当来宾在庆典上发表贺辞时，或是随后进行参观时，要主动鼓掌表示欢迎或感谢。

◆ 行为自律

在出席庆典时，主办方人员在举止行为方面应当注意的问题有：不要在庆典举行期间到处乱走、乱转。不要找周围的人说"悄悄话"、开玩笑，不要有意无意地做出对庆典毫无兴趣的姿态。

◆ 发言简短

主办方如需在庆典中发言，应该注重以下四个方面：

▷ 上下场时要沉着冷静

走向讲坛时，应不慌不忙。在开口讲话前，应平心静气。

▷ 要讲究礼貌

在发言开始，勿忘说一句"大家好"。在提及感谢对象时，应目视对方；在表示感谢时，应郑重地欠身施礼。对于大家的鼓掌，则应以自己的掌声来回礼。在讲话末了，应当说一声"谢谢大家"。

▷ 掌握发言的时间

发言一定要在规定的时间内结束，宁短勿长。

▷ 应当少作手势

在发言过程中，可以配合一些手势，但手势应尽量地少，避免哗众取宠。

第四章　会议与庆典的礼仪

三、表 彰 会

表彰是国家政务机关团体对在某一领域做出突出贡献、取得优异成绩的人员给予表彰、奖励或一定荣誉而组织的活动。表彰通过召开会议、举行仪式的方式进行。这类活动的目的是激励先进，树立典型，弘扬正气，褒奖优异。了解和掌握表彰礼仪，不仅会使自己的行为举止符合礼仪规范，还可以使表彰会议顺利进行，达到预期效果。

（一）表彰会的类型

表彰活动有很多形式，一般是通过召开会议、举行仪式的方式进行。其主要的类型有：

表彰会的类型
△表彰大会
△命名大会
△颁奖大会
△追授活动
△授予活动
△授勋仪式

政务礼仪

◆ 表彰大会

这是常见的表彰活动形式。通过召开会议，对有功绩的单位或个人进行表彰。这种形式的规模较大，参加的人员范围较广，宣传教育效果及影响也就相对大一些。一般在大型活动、重要工作、工程项目完结以后进行表彰。还有的是一年一度的综合性表彰或一两年一次的专项表彰。

◆ 命名大会

这也是一种常见的表彰活动。为单位或个人授予荣誉称号，通过召开大会，宣传授予单位和个人的先进事迹和重大贡献，是一种较为有效的宣传教育方式。

◆ 颁奖大会

召开一定规模的会议，对在某方面做出突出贡献和取得优异成绩的单位或个人给予一定的奖励。奖项一般都是常设的，如"五一劳动奖章"、"巾帼英雄"、"新长征突击手"、"先进工作者"、"优秀党务工作者"等。

◆ 追授活动

这是一种特殊的表彰活动。是对因公殉职或为了保卫祖国和国家财产、抢险救灾、保护人民财产生命安全而英勇牺牲的人员，追认为烈士、共产党员、共青团员或追授某一荣誉称号，目的是对追认人功绩和贡献的一定表彰和认可，通过召开追认大会，对其事迹进行表彰。

◆ 授予活动

对个人授予某一名誉职衔、荣誉称号，以表彰被授予人所做的贡献。如荣誉市民、荣誉员工、名誉顾问等。授予仪式通常在本单位举行，邀请有关方面人士参加。

◆ 授勋仪式

这是国际上常见的一种表彰形式。许多国家对外国领导人或驻本国的外交使节、知名人士、来访的高级代表团授予勋章，以表彰其为发展两国关系所做出的贡献。

第四章 会议与庆典的礼仪

（二）表彰会的准备

表彰会议的准备工作
△ 确定表彰对象
△ 选择表彰方式
△ 制定活动计划
△ 安排活动程序
△ 活动现场准备
△ 宣传报道工作

◆ **确定表彰对象**

表彰对象事先要经过一定的程序产生。有些是领导集体做出决定，有些则是经过群众推举或选举。通常以正式文件作为表彰依据。

◆ **选择表彰方式**

采取哪种形式，要根据表彰对象范围确定。大型的表彰活动，通常举行一定规模的大会，扩大宣传效果。授予活动通常举行仪式。

◆ **制定活动计划**

由活动组织部门制定计划，计划内容包括活动名称、表彰对象、参加人员、出席和主持领导、时间地点、物质准备等。计划一般要报有关领导审批。

◆ **安排活动程序**

活动程序的安排，不论是召开大会还是举行仪式，大体程序是：宣布会议或仪式开始；宣布表彰决定；为受表彰者颁发奖状、奖品、证书、锦旗等；奏乐和献花；受表彰人或代表发言；领导讲话。

政务礼仪 zhengwuliyi

◆ 活动现场准备

表彰大会或仪式的现场要布置得隆重热烈，要有会标、红旗或彩旗烘托气氛。准备好颁发的物品，包括奖状、奖牌、奖杯、锦旗、证书等。

◆ 宣传报道工作

安排适当的宣传报道，进一步扩大影响。筹备活动时要考虑为记者提供摄影、录音、录像的方便。

（三）表彰会中的颁奖

国家政务部门对先进个人和先进集体进行表彰和奖励，一般都要举行一个隆重的仪式，表示出郑重严肃的态度。这既是对先进的肯定和鼓励，也是对群众进行宣传教育、树立榜样、扩大影响、振奋精神、推动工作的有效方式。

颁奖仪式，除了应当符合通常会议礼仪的要求，做好一切准备工作之外，还应注意以下几点：

颁奖的注意事项
△ 选好会场
△ 安排程序
△ 主持人礼仪
△ 报告人礼仪
△ 进行颁奖
△ 受奖人礼仪

◆ 选好会场

▷ 会场布置

会场应选在较大的场地进行。主席台上方要悬挂大红横幅，彰明"颁奖大

第四章 会议与庆典的礼仪

会"字样。两旁还可悬挂相应的口号与标语或对联。主席台后面,可悬挂彩旗、会标等。

▷ **座位设置**

主席台上设供领导人就座的桌椅,桌上摆上写有领导人姓名的座次牌。可以另在正前方或侧前方设发言席。

▷ **受奖人安排**

受奖人一般安排在观众席前排就座。

◆ **安排程序**

颁奖仪式的程序一般是:

→ 宣布表彰典礼开始。这时可以播放欢快的音乐和燃放鞭炮,隆重的可以安排乐队演奏音乐。
→ 主要领导人讲话;
→ 宣布先进集体和先进个人名单;
→ 颁奖;
→ 先进集体或先进个人代表发言;
→ 群众代表发言;
→ 散会。

◆ **主持人礼仪**

主持人一般由本单位的负责人担任。
主持人应当熟悉仪式各个程序,事先作好安排,保证准时开会。主持程序时,要精神饱满,热情洋溢。要顾及台上台下各个方面,审时度势,随机应变,使会议保持隆重热烈的气氛。

◆ **报告人礼仪**

报告人应注意以下事项:

→ 衣着整洁、大方。
→ 仪态自然、步履稳定。报告时,身体正直,稍前倾,不要趴在讲台上,或靠在椅子背上。
→ 讲话要有激情,注意节奏。

政务礼仪 zhengwuliyi

◆ 进行颁奖

颁奖是仪式的高潮,但安排不当,常常发生混乱,应注意:

→ 以受奖人上台的次序为依据,事先排好奖品和发奖人的顺序。发奖时,工作人员按事先分工专门递送,使发奖场面热烈、欢快而井然有序。

→ 颁奖、受奖要用双手,颁奖人要主动与受奖人握手致意,表示祝贺。

→ 如有新闻单位,或需要留影,则在全部颁奖后,受奖人排在前排,为摄影、摄像提供方便。

◆ 受奖人礼仪

受奖人应注意以下礼仪:

→ 着装整洁、大方、端庄、仪态自然。

→ 上台受奖时要依顺序出入上下,不要左顾右盼,不要忸忸怩怩。

→ 受奖时,要面带笑容,双手接奖,并表示谢意。然后转过身来,面向全场观众鞠躬行礼,并可举起奖品向观众致意,要及时走下主席台,使会议继续进行。

→ 致答辞时,要注意对各方面评价得当,防止过于谦虚、过分客套。

(四) 表彰会的气氛

"热烈、欢快、隆重"是庆祝表彰会的基本氛围,为体现这一点,就必须做到:

→ 会场布置采用大红横幅、彩旗、宣传标语、敲锣打鼓来体现这种气氛。会场大小要和与会人数相当。

→ 做好迎送工作,对上级领导或被表彰人员要热情、妥善地迎送,会场可播放轻松的乐曲,主席台人员入座时,全体与会人员要报以热烈的掌声。

→ 会议发言要短小精悍,每一个发言结束时,主持人要引导全场热烈鼓掌,这既是对发言者的尊重,也是为了进一步渲染、烘托会议气氛。

→ 表彰时先由领导宣布表彰决定,并为受表彰人颁发奖状、锦旗或奖金,宣读祝贺词。庆祝会可在其间穿插宣读贺电、喜报、捷报等,宣读时口齿要清

第四章 会议与庆典的礼仪

楚，声音要洪亮，语调要欢快，要符合整个会场热烈的气氛。

→ 会后可安排联欢会、电影招待会、舞会或庆功宴会、座谈会等活动形式，从而与之呼应。

（五）表彰会的注意事项

组织表彰活动要注意以下几个问题：

◆ 表彰有度

表彰对象首先要有典型性，选择和确定表彰对象要有广泛的代表性。同时要有时代感，先进人物总是时代的精英，带着时代的烙印，体现时代精神。宣传和表彰典型，是为了给人们树立榜样，让人们学习，要有可学性。

◆ 组织有序

表彰活动的组织是否成功，能否取得较好的效果，还要看组织是否严密有序。活动安排周密，活动程序合理，物质准备充分。特别是活动进行要忙而不乱，上台领奖的人员，要有人引导；奖品要有人递送，要"对号发奖"，不要弄错。整个颁奖活动要安排得有条不紊。

◆ 活动有礼

作为一种礼仪活动，要遵守一定的礼仪规范。出席表彰活动的人员，尤其是主持人、颁奖人、受奖人，要注意仪容和举止表情，服饰整洁得体，授奖者和领奖者举止稳健大方。可以用握手、点头、鞠躬等方式表示祝贺或致谢。

四、新闻发布会

新闻发布会又称记者招待会,在此指由政务机构组织召集新闻记者并由发言人发布信息或回答记者提问的一种传播方式。随着政务公开的逐渐推行,新闻发布会成了增进政府与大众交流的有益的沟通方式,并在协调政府与公众的关系、赢得公众的理解和支持、创造和谐稳定的社会环境,吸引更多的支持者和合作者、促进政府施政目标的顺利实现方面,都起到了积极的作用。

(一)新闻发布会的原则

开好新闻发布会是国家机关政务部门塑造良好社会形象的重要活动,可以有效地提高知名度和美誉度。

新闻发布会的原则,主要有以下几个方面:

新闻发布会的原则
△ 主题明确
△ 准备充分
△ 选好发言人
△ 主持具有风度
△ 做好善后工作

第四章 会议与庆典的礼仪

◆ 主题明确

新闻发布会的组织者一定要明确主题,以便确定邀请新闻记者的范围,做到有的放矢。如果主题不明,新闻记者就不可能按照组织者预定的目的传播信息,甚至会弄巧成拙,损害组织在公众中的形象。

◆ 准备充分

主要包括确定时间、地点、主持人、发言人、准备发言提纲和报道提纲、宣传辅助材料、确定邀请记者的范围并及早发出请柬,布置会场,准备好会议所需的各种设备、器材,并做好经费预算。最重要的是要认真准备好新闻发布会所需的各种资料,如会议所需的文字、图片,主持人的发言稿,发言人答记者问的备忘提纲,新闻统发稿以及其他背景材料、照片、录音、录像等,以便开会前分发给记者,供他们提问或写新闻稿时参考。

◆ 选好发言人

举办新闻发布会,一般由单位指定的发言人发布信息或回答记者提问。因此,事先确定好新闻发布会的发言人至关重要。发言人必须具有权威性,思维敏捷,反应快捷,有较高的政治素养和业务水平,吐词清晰、准确,逻辑性强,从容镇静,不慌不忙。对于记者提出的带有挑衅性或讽刺性的提问,不能针锋相对、恶语相讥,而是绵里藏针、间接回答;对于不愿发表和透露的信息,或是涉及党和国家的机密问题,应委婉地向记者做必要的解释,寻求记者的谅解;对于一时回答不了的问题,不宜用"无可奉告"之类的词应付,而应采取灵活的通情达理的方式解决,或是告诉记者该如何去寻找答案。

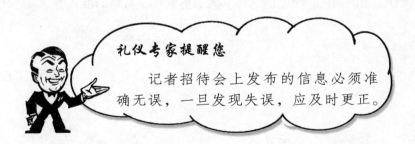

礼仪专家提醒您

记者招待会上发布的信息必须准确无误,一旦发现失误,应及时更正。

发言人应能随机把握会场气氛,措词文雅而有力,风趣而庄重,头脑要机

敏，口齿清晰，具有较强的口头表达能力，尤其是当记者提出一些棘手的、尴尬的或涉及组织秘密的问题时，发言人更要头脑冷静，要么随机应变，要么用躲闪的方式避而不答，绝对不能认为这是记者在无理取闹而横加指责。

◆ 主持具有风度

主持人是新闻发布会的组织者，应具有一定的组织能力和表达能力，态度和蔼亲切，用辞准确、恰当，条理清晰，充分发挥主持人和组织者作用，积极引导记者踊跃提问。主持人举止言行要讲究礼节礼貌，尊重记者的提问。若记者提出远离会议主题的问题应委婉地谢绝，巧妙地将话题引向主题。在记者提问时，切不可随便插话，打断记者的提问。主持人应注意调整会议气氛，掌握会议预定时间。若记者提问十分踊跃，可与发言人协商，适当延长时间。

◆ 做好善后工作

一些特殊情况的新闻发布会后，可举办小型宴会或舞会招待记者，并征求记者的意见和建议。工作人员力求以最快的速度将报道纪要发给记者，以便于记者组稿，准确及时地报道。即使记者没有报道或报道角度与组织的期望不一样，或是遭到新闻界善意批评时，不应埋怨新闻界，而应主动与记者联系，征求意见，以便更好地改进工作。若报道中有歪曲事实或不正确的报道，应立即采取行动，摆出所有事实，说明全部真相，以求得新闻机构的信任并主动予以更正。

（二）新闻发布会的筹备

国家政务机关或部门筹备新闻发布会，要做的准备工作很多。其中最重要的是，要做好主题的确定、时空的选择、人员的安排、材料的准备等项具体工作。

第四章 会议与庆典的礼仪

新闻发布会筹备工作
△ 主题的确定
△ 时空的选择
△ 人员的安排
△ 材料的准备

◆ **主题的确定**

新闻发布会的主题，指的是新闻发布会的中心议题。主题确定是否得当，往往直接关系到本次会议的预期目标能否实现。

一般而言，新闻发布会的主题大致分为三类：一类是发布某一消息，一类是说明某一活动，还有一类则是解释某一件事。国家政务部门在举办新闻发布会时，一定要注重不能脱离会议的主题，否则将造成极为严重的后果。

◆ **时空的选择**

新闻发布会的时空选择，通常是指其时间与地点的选择。一般来说，一次新闻发布会所使用的全部时间，应当限制在两个小时以内。

通常认为，举行新闻发布会的最佳时间，在周一至周四的上午 10~12 时，或是下午的 3~5 时左右。在此时间内，绝大多数人都是方便与会的。

在选定举行新闻发布会的时间时，还须谨记以下禁忌：

→ 要避开节日与假日。
→ 要避开本地的重大社会活动。
→ 要避开其他单位的新闻发布会。
→ 要避开与新闻界的宣传报道重点撞车或相左。

新闻发布会的举行地点，除可以考虑本单位所在地、特定的活动或事件所在地之外，还可优先考虑首都或其他影响巨大的中心性城市。必要时，还可在不同地点举行内容相似的新闻发布会。举行新闻发布会的现场，应交通方便、条件舒适、面积适中，本单位的会议厅、宾馆的多功能厅、当地最有影响的建筑物等，

政务礼仪 zhengwuliyi

均可酌情予以选择。

◆ **人员的安排**

在准备新闻发布会时，主办者一方必须精心作好有关人员的安排。

按照常规，新闻发布会的主持人大都应当由主办方的公关部部长、办公室主任或秘书长担任。人选的基本条件是：仪表堂堂，年富力强，见多识广，反应灵活，语言流畅，幽默风趣，善于把握大局，长于引导提问，并且具有丰富的主持会议的经验。

新闻发布会的发言人是会议的主角，通常应由本单位的主要负责人担任。

除了要慎选主持人、发言人之外，还须精选一些公务员负责会议现场的礼仪接待工作。依照惯例，他们最好是由品行良好、相貌端正、工作负责、善于交际的年轻人士担任。

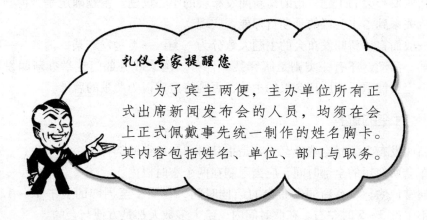

礼仪专家提醒您

为了宾主两便，主办单位所有正式出席新闻发布会的人员，均须在会上正式佩戴事先统一制作的姓名胸卡。其内容包括姓名、单位、部门与职务。

◆ **材料的准备**

在准备新闻发布会时，主办方通常需要事先委托专人准备好如下四个方面的主要材料：

⇨ 发言提纲

发言提纲是发言人在新闻发布会上进行正式发言时的发言提要。它既要紧扣主题，又必须全面、准确、生动、真实。

⇨ 问答提纲

为了使发言人在现场正式回答提问时表现自如，不慌不忙，事先应针对有可

第四章 会议与庆典的礼仪

能被提问的主要问题进行预测，还应就此预备好针锋相对的答案，从而使发言人心中有数，必要时予以参考。

⇨ **宣传提纲**

为了方便新闻界人士在进行宣传报道时抓住重点、资讯翔实，主办单位可事先精心准备好一份以有关数据、图片、资料为主的宣传提纲，并且认真打印出来，在新闻发布会上提供给每一位外来的与会者。在宣传提纲上，通常应列出单位名称及联络电话、传真号码、网址以供新闻界人士核实之用。

⇨ **辅助材料**

假如条件允许，可在新闻发布会的举办现场预备一些可强化会议效果的形象化视听材料，例如，图表、照片、实物、模型、光盘、录音、录像、影片、幻灯、光碟等，以供与会者利用。在会前或会后，有时亦可安排与会者进行一些必要的现场参观或展览、陈列。应当注意的是，切勿弄虚作假，切勿泄露机密。

（三）媒体的应对

在新闻发布会上，主办单位的交往对象自然以新闻界人士为主。在事先考虑邀请新闻界人士时，必须有所选择、有所侧重。一般而言，在这一问题上，有以下几个侧重点必须认真予以考虑：

邀请媒体参加会议的注意事项
△论证会议的必要性
△了解各类媒体的特点
△确定会议的参加者
△处理好与新闻界人士的关系

◆ **论证会议的必要性**

是否邀请新闻界人士参加而举办新闻发布会，首先要看这个会议有无举办的必要。即使存在一定的必要性，也要多加论证，要讲究发布会的少而精。

政务礼仪 zhengwuliyi

当决定召开新闻发布会之后，邀请哪些方面的新闻界人士与会的问题就显得很重要。

◆ 了解各类媒体的特点

目前，新闻媒体大体上分为电视、报纸、广播、杂志四种。它们各有所长，各有所短。电视的优点是：受众广泛，真实感强，传播迅速；其缺点是：受时空限制，不容易保存。报纸的优点是：信息容量大，易储存查阅，覆盖面广大；其缺点是：感染力差，不够精美。广播的优点是：传播速度快，鼓动性极强，受限制较少；其缺点是：稍纵即逝，选择性差。杂志的优点是：印刷精美，系统性强，形式多变；其缺点则是：出版周期较长。了解了上述各种新闻媒体的主要优缺点，并在对其邀请时加以考虑，才不至于走弯路。

◆ 确定会议的参加者

在邀请新闻单位的具体数量上，新闻发布会自有讲究。基本的规则是，宣布某一消息时，尤其是为了扩大影响，提高本单位的知名度时，邀请新闻单位通常多多益善。而在说明某一活动、解释某一事件时，特别是当本单位处于守势而这样做时，邀请新闻单位的面则不宜过于宽泛。不论是邀请一家还是数家新闻单位参加新闻发布会，主办单位都要尽可能地优先邀请那些影响巨大、主持正义、报道公正、口碑良好的新闻单位派员到场。

◆ 处理好与新闻界人士的关系

政府机关如果想取得新闻发布会的成功，就必须求得对方的配合。只有双方关系达成默契，新闻发布会才能圆满召开。

政府机关，特别是政府机关的主要负责人在处理与新闻界人士的关系时，一定要注意以下五点：

→ 要把新闻界人士当作自己真正的朋友对待。对对方既要尊重友好，更要坦诚相待。

→ 要对所有与会的新闻界人士一视同仁，不要有亲有疏、厚此薄彼。

→ 要尽可能地向新闻界人士提供对方所需要的信息。要注重信息的准确性、真实性与时效性，不要弄虚作假，爆炒新闻。

→ 要尊重新闻界人士的自我判断。不要指望拉拢、收买对方，更不要打算去左右对方。

第四章　会议与庆典的礼仪

一　要与新闻界人士保持联络。要注意经常与对方互通信息，常来常往，争取建立双方的持久关系。

（四）现场的应酬

在新闻发布会正式举行的过程中，往往会出现种种这样或那样的确定的和不确定的问题。有时，甚至还会有难以预料到的情况或变故出现。要应付这些难题，确保新闻发布会的顺利进行，特别要求主持人、发言人在新闻发布会举行之际，牢记下述几个要点：

新闻发布会现场的注意事项
△主持人、发言人外表的修饰
△主持人、发言人相互间的配合
△主持人、发言人讲话的分寸

◆ 主持人、发言人外表的修饰

在新闻发布会上，代表主办单位出场的主持人、发言人，是被新闻界人士视为主办单位的化身和代言人的。有鉴于此，主持人、发言人对于自己的外表，尤其是仪容、服饰、举止，一定要事先进行认真的修饰。

在面对新闻界人士时，主持人、发言人都要注意做到举止自然大方。要面含微笑，目光炯炯，表情松弛，坐姿端正。

◆ 主持人、发言人相互间的配合

不论是主持人还是发言人，在新闻发布会上都是一家人，因此二者之间的配合默契必不可少。要真正做好相互配合，一是要分工明确，二是要彼此支持。

主持人要做的，主要是主持会议、引导提问，发言人要做的，则主要是主旨发言、答复提问。有时，在重要的新闻发布会上，为慎重起见，主办单位往往会

政务礼仪

安排数名发言人同时出场。若发言人不止一人,事先必须进行好内部分工,各管一段。否则人多了,话反而没人说,或是抢着说。一般来讲,发言人的现场发言应分为两个部分,首先进行主旨发言,接下来才回答疑问。当数名发言人到场时,只需一人进行主旨发言即可。

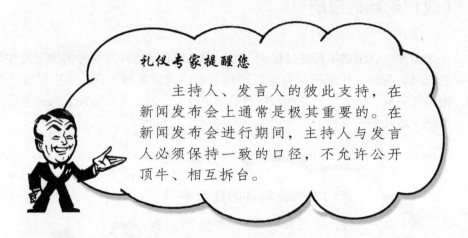

礼仪专家提醒您

主持人、发言人的彼此支持,在新闻发布会上通常是极其重要的。在新闻发布会进行期间,主持人与发言人必须保持一致的口径,不允许公开顶牛、相互拆台。

当新闻界人士提出的某些问题过于尖锐或难于回答时,主持人要想方设法转移话题,不使发言人难堪。而当主持人邀请某位新闻记者提问之后,发言人一般要给予对方适当的回答。

◆ **主持人、发言人讲话的分寸**

在新闻发布会上,主持人、发言人的一言一语,都代表着主办单位。因此,必须对自己讲话的分寸予以重视。

▷ 要简明扼要

不管是发言还是答问,都要条理清楚、重点集中,令人既一听就懂,又难以忘怀。在新闻发布会上有意卖弄口才、口若悬河,往往是费力不讨好的。

▷ 要提供新闻

新闻发布会,自然就要有新闻发布。新闻界人士就是特意为此而来的,所以在不违法、不泄密的前提下,要善于满足对方在这一方面的要求,要在讲话中善于表达自己的独到见解。

▷ 要生动灵活

在讲话之际,讲话者的语言是否生动,话题是否灵活,往往直接影响到现场

第四章 会议与庆典的礼仪

的气氛。面对冷场或者冲突爆发在即，讲话者生动而灵活的语言，往往可以使之化险为夷。因此，适当地采用一些幽默风趣的语言、巧妙的典故，也是必不可少的。

⇨ 要礼貌待人

新闻记者大都见多识广，加之又是有备而来，所以他们在新闻发布会上经常会提出一些尖锐而棘手的问题。遇到这种情况时，发言人能答则答，不能答则应当巧妙地进行回避，或是直接告之以无可奉告。无论如何，都不要给对方予恶语相加，甚至粗暴地打断对方的提问。吞吞吐吐、张口结舌，也不会给人予好的印象。惟有语言谦恭敬人、高雅脱俗，才会不辱使命。

（五）善后性事务

新闻发布会举行完毕之后，主办单位需在一定的时间之内，对其进行一次认真的评估善后工作。一般而言，需要认真处理的事情，一共有如下三项：

新闻发布会善后处理工作

△ 了解新闻界的反应
△ 整理与保存会议资料
△ 对不利的报道应酌情采取补救措施

◆ 了解新闻界的反应

新闻发布会结束之后，应对照一下现场所使用的来宾签到簿与来宾邀请名单，核查一下新闻界人士的到会情况。据此可大致推断出新闻界对本单位的重视程度。

◆ 整理与保存会议资料

需要主办单位认真整理应保存的新闻发布会的有关资料，大致可分为两类：

政务礼仪 zhengwuliyi

一类是会议自身的图文声像资料,它包括在会议进行过程中所使用的一切文件、图表、录音、录像等;另一类则是新闻媒介有关会议报道的资料,它主要包括在电视、报纸、广播、杂志上所公开发表的涉及此次新闻发布会的消息、通讯、评论、图片等,其具体又可分为有利报道、不利报道、中性报道三类。

◆ 对不利的报道应酌情采取补救措施

在听取了与会者的意见、建议,总结了会议的举办经验,收集、研究了新闻界对于会议的相关报道之后,对于失误、过错或误导,都要主动采取一些必要的对策。对于在新闻发布会之后所出现的不利报道,特别要注意具体分析,具体对待。

这类不利报道大致可分三类:一是事实准确的批评性报道,二是因误解而出现的失实性报道,三是有意歪曲事实的敌视性报道。对于批评性报道,主办单位应当闻过即改,虚心接受;对于失实性报道,主办单位应通过适当途径加以解释,以消除误解;对于敌视性报道,主办单位则应在讲究策略、方式的前提下据理力争、立场坚定,尽量为自己挽回声誉。

第 5 章

公文、电话与网络的礼仪

公文是政府机关、团体组织处理公务的一种应用性文体，它具有特定仪式和一定的效力，也是开展公务活动的一种重要的管理工具。政务公文的写作和制发需要遵循一定的规则，即遵守公文礼仪。对公文礼仪的遵守与否，不仅反映着公务员的写作水平和能力，而且还直接反映着国家行政机关的领导能力与工作效率。

随着现代科技的飞速发展和信息技术应用的普及，网络在现代公务活动中扮演着越来越重要的作用。办公现代化，已使网络进入到各级国家行政机关公务管理的全过程。因此，公务员在使用网络时，必须遵守相应的网络规则和网络礼仪。

本章要点

您应该记住的 **6** 个基本点

- ☐ 公文不同于其他文体，有其特定的要求和撰写规范，公务员必须严格遵守公文特定的礼仪标准。

- ☐ 公文礼仪包括公文撰写礼仪、公文行文礼仪、公文办理礼仪和常用公文礼仪。

- ☐ "电话形象"在人际交往中发挥着重要的作用。公务员在使用电话时，一定要遵守电话礼仪。拨打电话的基本礼仪是：耐心拨打，勤于接听，解释差错，激励转接，电话录音。

- ☐ 对公务员而言，函电是必须认真掌握和灵活运用的基本工具。草拟函电时，要尽可能用文明优雅的语言。

- ☐ 书写条据要遵循条据的分类和规范，并在简短的阐述中对收据者表达谦恭有礼、不卑不亢的态度。

- ☐ 公务员因其特定身份，除了必须遵守一般的网络礼仪外，还应当遵守与其工作相适应的特殊的网络礼仪。

第五章 公文、电话与网络的礼仪

一、公 文

> 公文礼仪，即公务员在奉命代表国家行政机关撰制和办理公文时，所必须遵循的有关规范与惯例。政务公文礼仪不仅体现着公务员自身的写作修养与工作能力，而且还直接关系到国家行政机关的工作效率与领导水平。有鉴于此，遵行公文礼仪，是公务员的一项基本职责。

（一）公文的分类

在拟行公文时，一定要遵守其法定的分类。不同种类的公文，在实践中不仅有着不同的适用范围与适用对象，而且还往往发挥着不同的作用。若对此不予以重视，拟行公文时随意分类，张冠李戴，移花接木，则会影响到公文作用的发挥，甚至还会动摇国家行政机关的威信。因此，在《国家行政机关公文处理办法》里，对国家行政机关所行的公文，在分类上进行了专门的规定。

根据这项规定，法定的国家行政机关所行的公文一共分为10个大类，共计15个文种。在《国家行政机关公文处理办法》里，对其具体内容、适用范围和适用对象等，都有详细而具体的规定。这些规定，都是在拟行公文时必须遵从的指导方针。具体如下：

◾ 按公文来源分

⇨ 对外文件

对外文件是指本机关（或部门）对外发出的文件。它由本机关拟制，对外传达本机关的意图，发给需要与其进行联系的机关。

政务礼仪

▷ **外来文件**

外来文件是指本机关收到其他机关发来的文件。它由其他机关拟制，将制文机关的意图传达到本机关（或单位）。

▷ **内部文件**

内部文件是指本机关拟制，并在本机关内部使用的文件。如：本机关内部会议记录、通知、通报等等。

◆ **按行文关系分**

▷ **上行文**

上行文是指下级领导机关向其所属的上级领导机关所发送的文件。如：给上级的请示、报告，等等。

▷ **平行文**

平行文是指同级机关或者不相隶属的机关之间相互来往的文件。如：中央各部之间、省与省之间、军事机关与地方机关之间的通知、函信等。

▷ **下行文**

下行文是指上级领导机关对所属下级机关的发文。如：国务院给各部、委和各省、自治区、直辖市人民政府的发文，省委给所属各县委的发文等。

◆ **按作者性质分**

▷ **法规文件**

法规文件是由国家权力机关和行政机关制定与颁发的文件。法规文件包括法律、法令和行政法规等。

▷ **行政文件**

行政文件是指国家行政机关处理日常工作使用的文件。如通知、请示、报告等。

▷ **党务文件**

党务文件是指由党的机关和组织制定发布的文件。它反映党对各项工作的领导和党的领导活动、党的工作、党的建设等。

第五章 公文、电话与网络的礼仪

◆ **按阅读范围和机密程度分**

⇨ **公布文件**

公布文件是指向人民群众或国内外公开发布的文件。

⇨ **绝密文件**

绝密文件包括机密文件和秘密文件,是指内容涉及党和国家机密的文件。

⇨ **普通文件**

普通文件是指内容不涉及党和国家秘密的文件。但普通文件不意味着可以随便处置。

◆ **按办文时限分**

⇨ **特急公文（又叫特急件）**

特急公文是指在输送时间上要求特别紧急的公文。

⇨ **急办公文（又叫急件）**

急办公文是指在输送时间上要求紧急的公文。

以上两种公文都是因某种特别情况或特殊大事,需要马上报告或处理、答复的。

⇨ **常规公文（又叫平件）**

常规公文是指按正常规定的时间予以办理的公文。

◆ **按使用范围分**

⇨ **通用文件**

通用文件是指党、政、军各级机关、各社会团体、企事业单位在工作中普遍使用的文件。现在专指《国家行政机关公文处理办法》规定的十二类十三种。

⇨ **专业文件**

专业文件是指具有专门职能的机关,在其专门的业务范围的工作活动中,根据特殊需要而专门制定形成和使用的文件。如：外交、司法、统计等专业方面的文件。

⇨ **机关常用文**

机关常用文是指机关除使用通用文件和专业文件以外经常使用的一些文章形式。如：总结、大事记、会议记录、会议记要等。有些常用文一经用正式文件或

作为正式文件的附件形式发出或颁发,就具有正式公文的效力。

(二) 公文的撰写

公文不同于其他文体,有其特定的内在要求和撰写规范。公务员按照规范要求撰写好公文,则须严格按照其礼仪规范执行。

公文撰写的礼仪规范
△ 熟悉特性
△ 遵循宗旨
△ 遵守格式

◆ **熟悉特性**

撰写公文,必须掌握其特性,然后才能够拟制出合格的公文来。公文的特性可概括为以下三点:

➪ 公文的权威性

政务公文必须是由各党政领导机关发出,经过领导人的签字和单位加盖公章,这样才能够行之有效。

➪ 公文的必要性

制发公文要根据事务的轻重缓急来考虑是否有必要。如果是一个电话或一次面谈就能够解决的问题,就不必再花费力气去拟制公文了。

➪ 公文的政策性

公文的制发必须是以国家政策为指导精神,结合当前形势,在国家政策和法律允许的范围内,准确、及时地反映问题和解决问题。

◆ **遵循宗旨**

撰写公文时,每一位公务员都应坚持发扬深入实际、密切联系群众、实事求

第五章 公文、电话与网络的礼仪

是和认真负责的工作作风,要克服官僚主义、形式主义和文牍主义,更不可弄虚作假、敷衍了事。要明确作为一名公务员的神圣职责和全心全意为人民服务的宗旨。

在撰制公文时,应使公文的观点和内容符合国家的法律法规,符合党和政府的方针政策。如果发现公文所需贯彻的领导意图与党和国家的有关政策法规相抵触,应及时向领导提出,予以纠正。如果准备提出新的政策法规,则应加以具体说明,切勿使之前后矛盾。

在行文之中,要坚决贯彻"情况确实、观点明确、条理清楚、层次分明、文字精练、书写工整、标点准确、篇幅简短"的原则和要求。用词要准确、规范。在使用简称时,应先用全称,并加以说明。

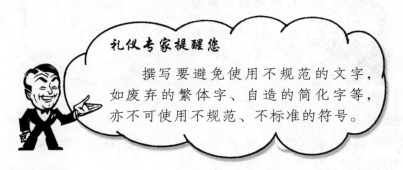

礼仪专家提醒您

撰写要避免使用不规范的文字,如废弃的繁体字、自造的简化字等,亦不可使用不规范、不标准的符号。

◆ **遵守格式**

按照规定,正式公文一般由标题、发文文号、签发人、秘密等级、紧急程度、主送机关、正文、附件、印章、发文时间、抄送机关、附注等若干内容组成。

这是带有强制性的法定格式,公务员撰写公文时必须严格遵守。

▷ **公文的标题**

它应当简要准确地概括公文的主要内容,体现出发文主旨,同时应注明发文机关和公文种类。批转法规性文件还应加上书名号。

▷ **发文文号**

它应当包括机关代字、年号和顺序号。若是由几个机关联合所发的公文,一般只注明主办机关的发文号。

▷ **公章和签发人**

所有公文均需加盖发文机关的公章。上报至国务院的公文则应另外注明签发人。

政务礼仪 zhengwuliyi

⇨ **秘密等级**

按照公文的机密性质，公文可分为内部文件、公开文件和保密文件三类。其中保密文件又可分为秘密公文、机密公文和绝密公文三等。如果所拟公文是保密公文，则应在公文上标明具体的秘密等级。

⇨ **紧急程度**

按照公文的紧急程度，公文可分为紧急公文和非紧急公文两类。其中紧急公文又可分为急公文和特急公文两个等次。

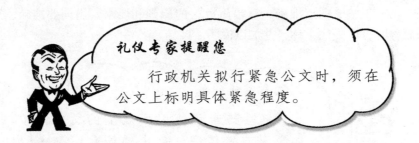

礼仪专家提醒您

行政机关拟行紧急公文时，须在公文上标明具体紧急程度。

⇨ **主送机关**

公文须明确标注主送机关。请示一般只写一个主送机关，如需同时送其他机关，应用抄报形式。

⇨ **附件**

公文若有附件，须在公文正文之后注明附件的名称和先后次序。

⇨ **发文机关**

在注明发文机关时，应采用机关全称或规范化简称。如若几个机关联合发文，则应将主办机关排列在前。

⇨ **会议名称、日期**

如果所发公文是会议通过的文件，应在公文标题之下、正文之前注明会议的名称和该文件的通过日期。

⇨ **引文**

公文中若需引用其他公文，须注明其发文时间、机关、标题、文号。公文中的人名、地名、数字和其他引文应正确无误。所提时间应精确写明年、月、日。

⇨ **具文日期**

即公文制成时间，一般以完稿时间为准，或以领导人签发或会议通过时间为准。要求准确、完备、具体。

⇨ **印　章**

机关印章要端正地盖在发文的年月日中间，即所谓的"骑年压月"，以免涂改。

⇨ **正文附件**

这是附在正文后起补充、说明、注释等作用的部分。

⇨ **附加成分**

包括公文编号、密级、时限要求、阅读范围、印刷、版记等部分。

公文纸一般采用 16 开型（长 260mm，宽 185mm），并应于公文左侧装订。某些特殊公文，如"布告"，"通告"等，其用纸大致可根据实际需要确定。书写公文时，一般应自上而下、从左到右横写。

（三）公文的行文

公文行文的礼仪，要求理清行文关系，遵守行文规则，符合上、下行文与平行的具体要求。

> **什么是行文关系？**
>
> 行文关系是发文机关和受文机关的关系，是各级机关之间公文的授受关系。上级领导机关对所属下级机关的行文称下行文关系；下级机关向主管的上级领导机关的行文称上行文关系；互相没有隶属关系和业务指导关系，同级或不属同一系统的机关、部门之间的行文，则称平行文关系。

行文关系若出现交叉混乱，则属于违反公文的礼仪规范，是必须禁止的。

政务礼仪 zhengwuliyi

◆ 行文规则

在草拟公文时，必须认真遵守行文规则。

行文规则是指各级机关之间互相行文时所需遵守的礼仪原则。其主要内容有以下几个方面：

→ 各级国家机关的行文关系，应根据各自隶属关系和职权范围确定。

→ 政府各部门在自己权限内可以互相行文，可以同下一级人民政府的有关业务部门互相行文，也可以根据本级政府的授权和有关规定对下级人民政府直接行文。向下级机关的重要行文，按规定应抄报直属上级机关。

→ 政府各部门可联合行文，联合行文的部门应属同一级别。部门之间对有关部门若未形成同一意见，各部门均不得擅自向下行文。

→ 为避免行文混乱，各级机关均不得越级请示。如因特殊情况必须越级请示，则应抄报所越机关。请示的公文应一文一事。除领导直接交办的事项外，请示不可直接送交领导个人，也不要同时抄送同级和下级机关。

→ 受双重领导的机关上报公文，应根据内容写明主报机关和抄报机关，同时应由主报机关答复其所请示的问题。上级机关向受双重领导的下级机关行文，则应同时报送另一上级机关。

→ 经过批准在报刊上发表的行政公文，应被视为正式公文而依照执行。如不另再行文，发文机关应在报刊上发表该文时加以注明。

→ 本着精简有效的原则，严格控制行文范围和数量，尽量减少行文的中间环节，不重复行文。

礼仪专家提醒您

各级国家行政机关的行文关系，应根据各自隶属关系和职权范围确定。比如，"命令（令）"就不可随意发布。依照我国宪法规定，有权发布命令的机关与个人为：中华人民共和国主席，县级以上地方各级人民政府，直至国务院及其所属各部委。

第五章 公文、电话与网络的礼仪

◆ 上行公文

上行公文是指下级机关向上级主管机关进行汇报或请求指示和答复时所使用的公文，比如报告、请示报告等。写作这类公文，应注意以下事项：

上行公文的礼仪要求
△ 不得越级上行公文
△ 遵循必要性原则
△ 内容符合实际，态度明确
△ 文字朴实庄重，简练准确

▷ **不得越级上行公文**

下级机关一般应按照直接的隶属关系进行请示和报告，除特殊情况外，不能越级，以免打乱正常的领导关系。若遇特殊情况，需要越级报告时，也须向所越过的上级机关同时抄报。

▷ **遵循必要性原则**

请示或报告的问题应该是必须向上级请示或报告的，也就是说必须严格遵照必要性原则，切忌以多余而琐碎的事务向上级汇报或请示。一般来说，向上级请示的问题主要包括以下内容：要求上级单位对现行方针、政策和规章制度中不甚了解之处进行明确答复；要求上级对工作中出现的无章可循的新情况进行批示；有些事务出现意见分歧，难于统一，需要上级机关进行裁决；有些事关重大的事务，为了防止工作失误，需要上级进行审核等。

▷ **内容符合实际，态度明确**

必须客观全面地反映事务或问题的各个方面，尤其要注意材料的准确性、科学性。切忌不负责任地夸张或敷衍。对于问题中的矛盾，应该明确地提出分析结果和解决意见，以供领导参考，不要含糊不清，给领导的决断带来困难。在提出解决意见的同时，可以请求上级选择一个最佳方案批复，或者请示上级做出决定。但决不能够在行文中要挟上级。

政务礼仪

⇨ **文字朴实庄重，简练准确**

行文中应该删除那些空话、套话，按照"公事公办"的原则，简练准确地反映问题，提出方案。同时，还应注意逻辑的严密性和文字的严密性。

◆ **下行公文**

下行公文是指上级单位向其下属机关制发的公文，一般是处理各种事务的决议、决定、批复、指定、通报等。拟制这类公文，要注意以下几点：

下行公文的礼仪要求
△ 逐级下发
△ 避免拖延
△ 文字简练

⇨ **逐级下发**

这类公文一般是由上级机关发给其下级直属机关，再由下级直属机关逐层下发。在制发中，要注意尊重下级，既要使公文表现出权威性，又要防止出现威胁、压迫下级的现象。同时，要注意写明下发截止到的单位级别。

⇨ **避免拖延**

有时公文需要同时下发到本系统内的两个以上的层次，或者需要同时下发到系统内最基层的单位，这主要是为了及时、迅速地把公文的内容和精神传达下去，避免逐级下发贻误、拖延的问题。

⇨ **文字简练**

这一类公文拟制时一定要考虑其文字、内容等方面能够被最基层的机关领导领会和理解，因此，行文上对准确、朴实等的要求更需严格。坚持避免含糊不清的措辞及由此而生的模棱两可的态度，以免给下级理解和领会公文精神带来困难。

第五章 公文、电话与网络的礼仪

◆ 平行公文

平行公文主要是相互之间没有隶属关系但又需要公务联系的机关和部门之间的行文。它往往采用通知或"函"的形式。需要注意以下事项：

— 必须以相互尊重的态度来制发，行文中要注意公文所涉及的双方是处于相互平等的地位，必须实行必要的礼节。

— 凡需要互相协作，或要求帮助解决问题，或需要相互商讨某项事务，都可以采取平行公文形式。但是，对于有些性质重要或双方无力解决的问题，还需按照系统内的规定来解决。

（四）公文的办理

公文的办理一般包括登记、分办、批办、承办、催办、拟稿、审核、签发、缮印、用印、传递、归销、销毁等程序。公文办理的基本礼仪要求是：

— 凡需办理的公文，文书部门应根据内容和性质，送领导人批示或送交有关业务部门办理。紧急公文，文书部门应提出办理时限。

— 凡涉及其他部门或地区的问题，主办机关应主动与有关部门或地区协商、会签。上报的公文，如若有关方面意见不一，要如实反映。

— 已送领导人批示或交有关业务部门办理的公文，文书部门要负责检查催办，防止漏办和延误。

— 公文写作中要符合国家政策、法律，人名、地名、数字、引文要准确属实，时间要用具体的年月日，数字书写一般用汉字，同一公文中的数字写法要前后一致，使用简称时必须先用全称，并加以说明。

— 各行政机关发出的公文，由机关领导人签发。重要的或涉及面广的，由正职领导人或主持日常工作的副职领导人签发。有的公文，可由秘书长或办公室主任根据授权签发。

— 各级领导人审批公文要认真负责，文件主批人要签署自己的意见、姓名和时间。

— 拟写、签发公文时应使用黑色钢笔或毛笔。

— 各级国家行政机关的办公室在将公文送领导人签发之前，应认真做好审核工作。审核重点：是否需要行文，公文内容、文字表述、文件使用、格式等是

政务礼仪 zhengwuliyi

否符合有关规定。

→ 上级机关的发文，除绝密或注明不准翻印的以外，经下一级机关的秘书长或办公室主任批准，可以翻印、转发。翻印时，要注意翻印的机关和时间。

→ 传递秘密公文时，必须采取相应的保密措施，确保文件安全。

→ 公文办完后，应根据文书立卷、归档的有关规定，及时将公文定稿、正文和有关材料加以整理立卷。

→ 公文立卷应根据其特征、相互联系和保存价值分类整理，保证齐全、完整、正确反映本机关的主要情况，便于保管、查找和利用。

→ 立好的案卷，应按照有关规定定期向档案部门移交。个人不得保存存档的公文。

→ 没有存档价值和存查必要的公文，经过鉴别和主管领导人批准，可定期销毁。销毁秘密公文，要进行登记，有专人监督，保证不丢失、不漏销。

二、电　话

电话是国家行政机关所使用的最重要、最频繁的通讯工具之一。使用电话，也可以说是国家公务员用来同外界传递信息、保持联络的一种最常规的手段。由于"电话形象"在人际交往中发挥着重要的作用，因此，公务员在使用电话时一定要注意维护自身的"电话形象"，遵守电话礼仪。

（一）电话形象

公务员在工作中接打电话时要表现得殷勤备至，即要对自己的通话对象耐心、细致、周到、热情。

第五章 公文、电话与网络的礼仪

接打电话的基本礼仪

△ 耐心拨打
△ 勤于接听
△ 解释差错
△ 安排顺序
△ 殷勤转接
△ 电话录音

◆ 耐心拨打

拨电话时，要沉住气，耐心等待对方接电话。一般而言，至少应等铃声响过六遍，或是大约一分钟时间，确信对方无人接听后才可以挂断电话。切勿急不可待，巴不得立刻就有人接。一旦铃声响过两三遍，就挂断电话重新再拨，或者干脆不再拨打，甚至埋怨对方，都是没有教养的表现。

◆ 勤于接听

对于接电话的一方来说，要把握好接话时间。电话铃一响，就应该做好接电话的准备，切不可故意让铃声响几遍再慢吞吞、懒洋洋地伸手去接，否则就是怠慢对方的表现。在国外，有接电话应"铃声不过三遍"的说法。当然，接电话亦不宜在铃声响过一遍后就立即接听，以免给对方唐突之感。铃声响两三遍再接是最适宜的听电话的时间。如果确有重要原因而耽误了及时接电话，则需向对方解释一下，并表示歉意。

◆ 解释差错

如果发现对方拨错了电话，不应责备对方，而应向对方解释；告之本电话是何单位或本人是谁。必要或可能时，不妨告诉对方他所要的正确号码；或代为查找。这样做既维护了国家行政机关和公务员的形象，也体现了公务员为人民服务的宗旨。

通话过程中如果因线路问题或其他客观原因而致使电话中断，则应由发话人

政务礼仪 zhengwuliyi

迅速重拨一遍，不可让对方久等，并且应向其解释、道歉。受话人则应在电话旁稍等片刻，不宜转而他为，甚至抱怨、责备对方。

◆ 安排顺序

如果同时有两个电话待接，则应先接首先打进来的电话，在向对方解释并征得对方同意后，再去接听另一个电话。一般应让第二个来电的发话人留下对方电话号码，告之一会后再主动与之联系，然后再转听第一个电话。如果两个电话中有一个是长途，则应先与长途来电者通话；如果两个电话均为长途或市话，则应按上述原则接听之。切不可同时接听两个电话，或者只听其中一个而任由另一个来电铃声不止。

◆ 殷勤转接

如果接电话时发现对方找的是同单位或同部门的其他人，应让对方稍候，再热忱、迅速地帮助对方寻找所要联系的人员，切不可不理不睬，直接挂断电话，或者告诉他"打错了"即了事。也不可慢吞吞、懒洋洋地去找人，存心拖延时间。不能表现出丝毫的不满和冷淡。

礼仪专家提醒您

接听电话时，如果对方要找的人不在，则应向其致歉，并询问是否可以代为传达信息。若对方有留言，则应做好笔录，并与对方核实一下。切勿刨根问底，摆出"审问"的架势。

◆ 电话录音

万一需要用录音装置时，则必须使自己的发音友好、谦逊。通常，预留的录音应大致如下："您好！这里是某某部门，现在工作人员因公外出，请您在信号声过后留言，或留下您的姓名和电话号码。我们将尽快与您联络。谢谢。"

第五章　公文、电话与网络的礼仪

（二）电话语言

电话主要是以语言交流为基本形式的沟通工具。正确、有效地使用语言表达是礼仪要求的重要内容。

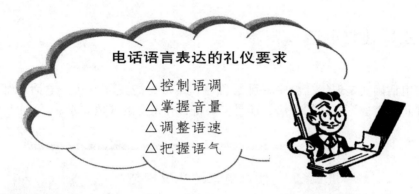

电话语言表达的礼仪要求
△控制语调
△掌握音量
△调整语速
△把握语气

◆ 控制语调

语调最能体现细致微妙的情感。如语调过高，语气过重，往往会使对方感到尖刻、生硬、冷淡；语气太轻，语调太低，会使对方感到无精打采，有气无力；语调过长又显得懒散拖拉；语调过短又显得不负责任。一般来说，语气要适中，语调均应以不影响别人办公为度，同时要使对方感到亲切自然。

◆ 掌握音量

公务员的语气也应当温和。由于打电话是远距离传送信息的过程，因此通话过程中发音清晰、咬字准确是保证通话质量的重要条件。如果说话含糊不清，咬字忽重忽轻，音量过高过低，则不利于对方接收信息。

◆ 调整语速

适中的语速是保证通话质量的关键。如果语速过快，对方很可能不能准确无误地接收到所有信息；如果语速过慢，则容易引起对方的不耐烦和急躁的情绪。如果自己说话带有较重的口音，或察觉到对方听起来较困难，则应有意识地放慢语速。如果由于种种原因而听不太清对方的话，通常不宜报怨对方，可以委婉地告诉对方："我们这边线路有点问题，我听不太清您的声音，请您声音稍大点好

政务礼仪 zhengwuliyi

吗?"对方调整音量语速后则应向其道谢。

◆ **把握语气**

通话时语气的把握至关重要。温和、亲切、自然的语气往往会使对方对自己心生好感,从而有助于交往的进行;相反,如果语气生硬傲慢、拿腔拿调,或者表现出厌烦责备的口吻,则显然无助于工作的顺利开展。

(三)拨打电话

打电话确实是现代社会中一种最普通、最常见的交际方式。电话谁都会打,但是要正确掌握打电话的方法,还是需要符合礼仪上的规范要求。

拨打电话的礼仪规范
△ 时间恰当
△ 表述得体
△ 举止得当
△ 注意环境

◆ **时间恰当**

公务电话的时间选择主要包括选择打电话的时间和电话交谈所持续的时间。公务通话一般要在办公时间内进行,不要在下班之后打,更不能在深夜、凌晨及午休、用餐、公休假时间打,除非有特别紧急的事情。如果是拨打国际长途电话,要注意时差,不要扰人安眠。

电话交谈所持续的时间以3~5分钟为宜。如时间需5分钟以上,就应首先说出自己要办的事或大意,并征询对方是否方便;如对方此时工作太忙或开会,就与对方另约时间再谈。

◆ **表述得体**

通话表述要符合礼仪规范,不能高调门,语惊四座;口气谦恭有礼,热情、

第五章　公文、电话与网络的礼仪

温和、亲切、自然。语速适中，过快则容易让人听不清楚，产生匆忙应付的感觉；慢条斯理，拿腔拿调，也容易引起人的反感。

◆ **举止得当**

打电话要轻拿轻放，不要急不可耐，一遇到无法接通的情况就表现得很不耐烦，甚至摔话机。电话接通后，要等铃声响过六遍后，确信对方无人接听，这时才可挂断话机。通话时不要抱着电话四处走动；仰坐、斜靠、歪躺或趴在桌上通话都是不适宜的。通话时也不要吃东西、抽烟、喝水、翻报纸杂志，甚至与旁边的人闲聊。

◆ **注意环境**

打电话要注意周围环境。移动电话不要在嘈杂的大街上、一些公共场所通话。办公室打电话，要避免谈话声、嬉笑声、咳嗽声。如果有急事，可以先"整顿"一下通话环境，待安静下来再拨通电话。

（四）接听电话

当对方打来电话，怎样接听也有很多礼仪要求。公务员在接电话时要注意以下事项：

接听电话的礼仪要求
△ 及时接听
△ 文明应答
△ 做好记录
△ 特殊电话的处理

◆ **及时接听**

电话铃声一响，要及时接听，不要慢腾腾地任由铃声响个不停。一般在听到

完整的铃声响后接起电话。若两个电话同时响起,要先接起一个,询问对方是否介意接听另一个电话,征得同意后才能接听另一个电话。不要同时接听两个电话。

◆ 文明应答

接听电话要做到有问必答,依问作答。铃声响起,要拿起话筒问候对方,并自报家门:"你好!这里是×××(单位)"或"你好!我是×××",或者询问对方:"你好!请问找哪位?"如果要找的人不在,最好告诉对方不在的原因,或告诉对方联系方法。一般不宜用"你是谁"、"你找谁"、"有什么事"之类的话发问。与对方通话,要尽量每问必答,但不要答非所问,东拉西扯,大聊其天。对方交谈内容结束要及时道别,说声"再见"。

◆ 做好记录

公务电话通常需要做记录。平时要做好通话记录准备,电话记录簿或记录用纸、笔要准备好,不要通话后放下听筒,再找纸笔。遇到听不清楚时,可以请求对方重复一遍,特别是对一些重要内容和涉及时间、地点、数量等,最好加以核实,避免记错。

◆ 特殊电话的处理

对打错电话的,不要大声斥责对方,要接受对方的道歉,说声"没关系"后挂机。对一些难缠的电话,要学会说"不",设法摆脱对方的纠缠,委婉而坚决地拒绝对方的请求。对一些诸如"你猜猜我是谁"、"想知道我在干什么吗"之类的"谜语"电话,可以用"别让我猜谜了"、"我正忙着"、"我还有一些急事要做呢"之类的话加以应付。

(五)代接电话

在日常工作里,常有为他人代接、代转电话的时候。所以,代接、代转电话时,要注意以礼相待,尊重隐私、记忆准确、传达及时等问题。

第五章　公文、电话与网络的礼仪

代接电话的礼仪要求

△ 以礼相待
△ 尊重隐私
△ 记忆准确
△ 传达及时

◆ 以礼相待

接电话时，对方所找的人不是自己，不要显得不耐烦，以"不在"回答打发对方；而应友好地问："对不起，他不在，需要我转告什么吗？"

◆ 尊重隐私

代接电话时，不要询问对方与其所找之人的关系。当对方有求于己，希望转达某事给某人时，要守口如瓶，千万不要随意扩散。

即使对方要找的人就在附近，也不要大喊大叫，闹得尽人皆知，四围不宁。

别人通话时，不要旁听，更不要插嘴。

◆ 记忆准确

代接电话，对方要找的人不在时，应向其说明后，问对方是否需要代为转达。如对方有此请求时，一定要照办。

对方要求转达的具体内容，最好认真做好笔录；对方讲完后，应重复一遍，以验证自己的记录正确无误，免得误事。

记录他人电话，包括通话者单位、姓名、通话时间、通话要点、是否要求回电话、回电话时间等几项内容。

◆ 传达及时

代接电话时，先要弄清楚对方是"谁"、"找谁"这两个问题。对方不愿讲第一个问题，不必勉强。对方要找的人不在，可据实相告，再询问对方"有什么事情？"若是二者先后次序颠倒了，就会令对方生疑。

若对方所找的人就在附近，应立即去找，不要拖延。答应对方代为传话，就要尽快落实。

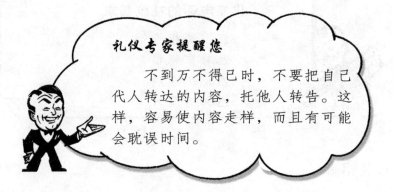

（六）移动电话

在个人电话礼仪规范中，移动电话的使用，是很重要的组成部分。公务员在使用中要符合政务礼仪规范。

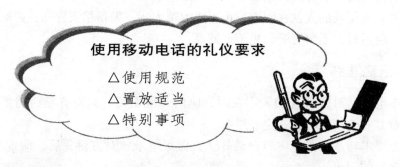

◆ 使用规范

使用移动电话时，一定要严格遵守使用规则。否则，就会有损自己的形象。具体而言，使用移动电话，要遵守以下几点礼仪规范。

▷ 要遵守公共秩序

使用移动电话时，绝对不允许在有意、无意之间破坏了公共秩序。具体来说，此项要求主要是指：

— 不允许在公共场合，尤其是楼梯、电梯、路口、人行道等人来人往之处，

第五章 公文、电话与网络的礼仪

旁若无人地使用移动电话。

——不允许在要求"保持寂静"的公共场所，诸如音乐厅、美术馆、影剧院等，大肆使用移动电话。必要时，应关机，或处于静音状态。

——不允许在上班期间，尤其是办公室里，因私使用自己的移动电话，显得自己用心不专。

——不允许在会议、课堂等公众场合，使用移动电话，以免分散他人的注意力。

⇨ 要自觉维护安全

使用移动电话时，必须牢记"安全至上"。特别注意以下几点：

——不要在驾驶汽车的时候，使用移动电话通话，或是查看号码，以防止发生车祸。

——不要在病房、油库等处使用移动电话，免得它们所发出的信号有碍病人治疗，或引发火灾、爆炸。

——不要在飞机飞行期间启用移动电话，否则极可能会使飞机"迷失航向"。

◆ 置放适当

使用移动电话，应将其放置在适当的位置。既要方便使用，又要合乎礼仪。

⇨ 常规位置规定

——在较为正式的场合，尤其是在公务交往中，以及其他一切公共场合，在不使用手机时，均应暂放于合乎礼仪的常规位置。无论如何，都不要在不使用时将其执握在手里，或是将其挂于上衣口袋之外。

——放置移动电话的常规位置有二：一是随身携带的公文包之内；二是上衣口袋之内，尤其是上衣内袋之内。而第一种位置尤显正规。

⇨ 暂放位置规定

有些时候，可将移动电话暂放于下列位置：

——将其别挂在腰带之上，但最好是未穿外套时别于此处。否则取用之时宜避人耳目。

——在参加会议时，为了既不误事又不妨碍他人，可将其暂交秘书、会务人员代管。

——在与人坐在一起交谈时，可将其暂放于不起眼之处，如手边、身旁、背后等；也可以放在手袋里不取出来。

政务礼仪 zhengwuliyi

◆ 特别事项

公务员因公需要购买、使用移动电话或寻呼机时，还有下列三点注意事项。

⇨ 一定要在合法的销售单位购买

购买移动电话或寻呼机，应前往国家认可的销售单位。不允许购买走私品、不合格产品、不符合有关规定的产品，或是"并机"、"扒号"之物。不提倡随便改台、换号，或是屡屡升级、换代。

⇨ 一定要按规定购买

使用公款购置的移动电话，必须是工作上确有所需。目前，为了限制滥用公款的现象，对因公使用移动电话、寻呼机的人员范围，已经有所规定。各级公务员对其不得加以违反，或变相加以违反。

⇨ 一定要按规定交纳使用费用

即使是因公使用移动电话、寻呼机，也不可随意滥用、私用或借与外人使用。为了防止这类假公济私的现象出现，许多国家行政机关已对公务员因公使用的移动电话、寻呼机每月消费额有所限定，并且实行严格的定额包干。凡超过可以公费报销的限定额度者，皆须费用自理。公务员对此类规定也应自觉遵守。不宜蓄意超过规定额度，坚持用公款进行全额报销；或是指使下属部门以及有求于己者为自己支付此类费用。

三、条　据

条据，即人们在工作与生活中出于某种需要而留给他人的、可作为某种凭据的便条。条据是便条的正式称谓，便条则是一种通俗说法。

条据礼仪的总体要求，就是遵循条据的各种分类和规范，并在简短的阐述中维护立据者的自尊自爱，同时对收据者表示谦恭友好、不卑不亢的态度。公务员应按照礼仪规范要求认真对待条据的写作与处理。

第五章 公文、电话与网络的礼仪

（一）条据的基本要求

条据按用途与功能的不同，可分为若干种类。作为公务员，必须明确各类条据的具体规范和要求。根据具体用途和功能的不同，条据一般可分为凭据性条据和说明性条据两大类。不同的条据虽然有着不同的具体格式和写作要求，但从整体来看，它们在写作上都必须遵循以下几条基本的礼仪规范。

条据礼仪基本规范
△ 态度严肃认真
△ 内容简单精练
△ 形式合乎规则
△ 文字简洁流畅
△ 用具整洁耐用
△ 选择留据对象

◆ **态度严肃认真**

公务员所立的条据虽然多使用于熟人之间，但本着"认真负责，严肃规范"的工作态度和"空口无凭，立此为证"的凭据性特征，公务员在写作条据时必须端正自己的态度。各类条据的组成部分须一应俱全，不可有所疏漏。在具名时，应由立据者亲笔签署自己的真实姓名。必要时应在签名后加盖私章或摁手印，以示负责。条据最后还应写明立据的详细日期。

◆ **内容简单精练**

条据实质是对书信的简化。能以条据形式表达的内容通常都是简单的内容，复杂的、涉及秘密的内容均不宜立据表述。在一般情况下，一张条据只能说明一件事情，切勿一据多事。

政务礼仪 zhengwuliyi

◆ 形式合乎规则

由于条据的分类较为繁多,不同的条据又有不同的写作规则,因此在立据时必须明确各类条据的详细规则,切勿张冠李戴,让人不知所云。条据的标题通常必须具备,用以标明该条据的类别、性质。

◆ 文字简洁流畅

条据的语言应符合简单、完整两大基本要求。能清楚表述条据内容的最简语言是最适宜的语言。切勿拖沓冗长,亦不可过分简单而使表述不清。条据中的文字应准确无误,不可涂涂改改。应尽量避免易于涂改的文字或数字。如在书写金额数量时,应采用大写汉字,像"壹"、"叁"、"仟"等,不宜采用小写汉字,如"一"、"三"、"千"等,更不宜于使用阿拉伯数字。

◆ 用具整洁耐用

对于写作条据所用的纸笔,虽不必过于挑剔,但也须有所选择。条据的用纸应当整洁、干净、耐折、耐存,污损、折皱、不易书写、不易保存的纸张不宜用作立据之用。立据时最好选用钢笔或毛笔,配以黑色、蓝黑色墨水或墨汁书写。不宜选用不易保存笔迹的铅笔、圆珠笔以及有失庄重感的彩色墨水、墨汁。

◆ 选择留据对象

条据之所以要求言简意赅,主要是因为它多使用于关系密切的熟人之间,并且多限于平辈之间。因此,是否可以立据应考虑到双方的关系,对于新交或生人则不宜使用条据形式。

(二) 凭据性条据

凭据性条据,大都指的是为证明某一事实或契约而出具的条据。它一般要求出据者在某一事实或契约发生前写作完毕,并交由接收者作为一种信誉的保证和凭据加以保存。凭据性条据还可分为借条、欠条、收条、领条和发条等几类。

◆ 借 条

借条,又称借据,它是指在借到他人或公家的钱财物品时所写下的条据。借条是

第五章 公文、电话与网络的礼仪

一种非正式契约,通常在归还了所借钱物后,由立据者将其收回或当场销毁。

若是向他人借钱借物,借方可只写一张借条;若是向公家借钱借物,借方最好写两份借条,由借方和公家各保留一份。

借条上应标明"借条"二字,在正文中应写清借了什么、借了多少、归还期限等内容。向公家借钱借物还应写明其用途。立据者还须在借条最后签名盖章、标上日期(见图5—1)。

借　条

　　今借财务处人民币现金伍仟元整,作为承办开业庆典所需的费用。待工作结束后依据所发生费用的票据前来报销,多退少补。

　　此据

借款人:徐亚龙(盖章)

2005年2月2日

图5—1　格式规范的借条

◆ 欠　条

欠条,是借条的一种特殊形式。如果借方到了归还期限,只能归还其中部分的钱物,还有部分不能归还,那么借方应再写一份欠条,证明尚有钱物未还。有时,在借用了钱物之后补写的用作凭据的条据,亦可称之为欠条。欠条的格式、份数、处理方法与借条大致相仿(见图5—2)

欠　条

　　原借阳光旅游公司"金杯"牌面包车两辆,现已归还一辆,尚需继续借用其余一辆,拟于2月1日前准时归还。

　　此据

吴东(盖章)

2005年1月6日

图5—2　格式规范的欠条

◆ 收　条

收条,有时称收据,是在收到其他个人或单位的钱物后,专门立下的给对方

147

的凭据。

收条可只写一份，交由付方保存；也可为便于核实而采用两联单或三联单的形式。其中第一联通常是存根，第二联或第三联在加盖公章后交予付方，作为其回单位的报销凭据。

归还钱物时，如果被借一方不在场，由其他人出面代为收下，转交给被借方时，代收者应出据收条。这类收条亦称为"代收条"。归还钱物时，如果被借方在场，能亲自收回借出的钱物，则无须出据收条。只要向被借方要回借条，以示还清即可（见图5—3）。

收 条

今收到周国平同志为海啸灾区捐款人民币现金壹万元。

此据

收款人：朱虹（盖章）

2005年1月10日

图5—3 格式规范的收条

◆ 领 条

领条，指个人从机关、单位领取钱物，或是一个机关、单位从另一机关、单位领取钱物时，领取者给发放者留下来保存的条据。倘若是代替他人领取钱物，则应注明"代领"二字及代领者与被代领者的姓名（见图5—4）。

领 条

今代替王彦同志从总公司财务处领取其当月工资，总额壹仟捌佰元整。

此据

经手人：刘一凡（盖章）

2004年2月16日

图5—4 格式规范的领条

第五章 公文、电话与网络的礼仪

◈ 发　条

发条，指的是机关、单位在发放钱物时，写给领取者的条据。发条不同于发票。发票是在出售货物时，开给购买者的单据。发票由国家统一印制，规格与式样都有既定标准，不得私自制作发行。发条虽也有大致统一的规格样式，但却不像发票那样有严格的制作、发行标准（见图5—5）。

```
                       发　条
  今发给贺佳音同志抢险救灾奖金陆仟元整，以资鼓励。
  此据
                                         办公室（盖章）
                                         2005年2月3日
```

图5—5　格式规范的发条

（三）说明性条据

说明性条据，通常是指用来传递信息、道明缘由的条据。通常，它都是为了特意向人们说明、解释某一件事情，或是为了发出请求。因此，站在礼仪的角度来看，说明性条据的礼仪性要求则高于凭据性条据。这主要表现在，说明性条据在写作上，要求表现得更为礼貌、谦恭、友好。

在一般情况下，公务员经常要和说明性条据打交道。它的常见种类有：托事条、请假条、留言条、便函等。在落款时，它们一般都不必盖章或摁手印。

◈ 托事条

托事条，是指委托他人办理或照料某事时而写的条据。它主要是要向他人表示请求，或是希望可以寻求到对方的帮助。

一般来说，托事条都是托人代交的。它不必以"托事条"的字样来专门说明自己的性质，但是在具体内容上，则务必要把所求何人、所托何事、有何具体要求以及自己是谁等，写得一清二楚。

由于托事条是专门用来托人办事的，故此在文字上一定要委婉、客气，既要

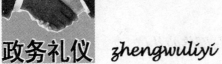

政务礼仪 zhengwuliyi

使之简明扼要，又不可因此而失去必要的礼仪（见图5—6）。

张主任：

　　因撰写公司企划书，急需使用由中国大百科出版社出版的《中国大百科全书》之历史卷，务请暂借一周，并即刻交予王强同志带回我处。不胜感激。

　　此致

敬礼！

刘薇薇

2004年6月8日

图5—6　格式规范的托事条

◆ 请假条

请假条，是指因病或因事不能按时上班，或参加某项预定的活动，而请他人转交给有关负责人说明原因的条据。

请假条的格式，略似书信。在开始时，一般应写上"请假条"字样，然后在下一行应顶格写上对有关负责人的称呼。以下，要另起一行，起头空上两格，扼要地说明告假的原因、告假的长短以及其起止时间。在结束时，应礼貌地写上"请予批准"、"恳请准假"等字样，并友好地祝颂对方。

因故不能亲自书写假条时，可请他人代写，并且加以说明（见图5—7）。

请　假　条

尊敬的赵处长：

　　您好！我母亲因胆囊炎住院治疗，并定于今日手术，需家属陪护。故此请事假两天，恳请批准。

　　此致

敬礼！

黄小丽

2004年5月6日

图5—7　格式规范的请假条

第五章　公文、电话与网络的礼仪

◼ 留言条

留言条，是因故未能在专程拜访时与他人见面，或是不能久候他人而先行离去时，向对方加以说明，并且陈述某一事由的条据。

通常，留言条可以由他人代为转交，也可以将其张贴在公用的留言栏或是其他适当之处，但是切勿将它乱放、乱贴。

在书写留言条时，不必冠以"留言条"的名称。而在具体内容上，则需要相机多用一些礼貌用语。若对方不熟悉自己，还须在写明自己的姓名之外，再加上自己所在单位的名称（见图5—8）。

尊敬的于总经理：

　　您好！今日专程登门拜访，未能得见，甚憾！请您在方便之时，打电话给我。我的办公室电话号码为：6831001。

　　打扰了。再会！

陕西省科技厅　付　彬
即日下午 15 时

图5—8　格式规范的留言条

◼ 便　函

便函，指的是内容简洁、形式简化，主要用以告知他人某一事件，或是传递某一信息的条据。

严格地讲，便函乃是一种简单化了的书信。与书信相比，它具有仅言一事，字数较少，多则不过百字，而且不一定非要封文不可等特点。

在格式上，便函比其他条据要更为正规。与书信的笺文一样，便函也由抬头、启词、正文、祝词、署名、日期、附言等基本内容所构成，只不过并不一定要将以上基本内容全部面面俱到地包括在每一封便函之内。对于这些内容，本着删繁就简的总精神，可以有所包括，也可以有所省略，或是适度变换其具体形式。

在便函里，感情色彩不宜过分强烈，但是在正文的措词中，礼貌语词则非用不可。

一般而言,便函不宜篇幅过长。在通常情况下,其所言应为一事,其所用不过一纸。否则,它就不叫便函了。

四、网　络

网络是将多台计算机连接在一起,共享数据、信息资料。它使其各个用户之间通过电子邮件、数据库和其他数据共享方式,得到更好的通讯与交流。

公务员使用网络执行公务时,应当遵守网络礼仪。因公务员的特定身份,除了必须遵守一般的网络礼仪外,还应当遵循与其工作相适应的特殊的网络礼仪。

（一）网络的作用

网络的出现,使得现代人的生活发生了重大改变。公务活动也因此而得到了前所未有的改进与完善。网络在现代公务活动中发挥着巨大的重要作用。

网络的重要作用
△高速传递信息
△及时搜索资讯
△与对方交流与互动

第五章　公文、电话与网络的礼仪

◆ 高速传递信息

网络首先是作为通讯手段而发挥作用的。

公务员可以比以往更快地传递信息。例如通知、通报、材料、信函等。这些在传统方式中是要写的，用手写于纸上，然后去邮寄，相对来讲它有优点：保密性比较强，可以挥洒自己的情感，可以不厌其烦，可以字斟句酌，但是与现代文明相比，一个致命的缺点就是速度太慢。

网络最大的一个作用就是起到了通讯畅行无阻、高效的作用，任何信息，瞬间就可以传递到对方，这样的效率是过去不曾有的。

◆ 及时搜索资讯

我们都知道，现在利用网络资源是非常重要的。比如要查一条资料，可以随便在一个网站上利用搜索引擎，检索你所需要的信息数据，输入一个关键词进去，许多机关资讯会立即出现。

这时需要公务员去粗取精、去伪存真，不仅可以迅速地搜索知识，而且还能获得大量的知识，并且可以进行比较鉴别。

所以，网络资源是现代人信息资源的重要来源之一。

如果没有网络的话，现代人的知识储备和信息的享有，会大大降低许多。

◆ 与对方交流与互动

网络还有一个非常重要的作用，就是可使不同地方不同的人可以即时在网络上进行交流和互动。

政务工作都有一个和社会现实直接接触和民情互动的问题。人民的所思、所想、所虑、所困、所苦、所求等方方面面公务员要了解，但是怎么了解呢？这时可以通过网络，网络上容易实现互动，现在各级政府部门都设有网页、留言板、信箱、E-mail地址等。包括一些政府领导人，非常注意利用网络资源，利用网络手段和人民群众进行交流和互动。

各部委办局都有自己的网站，国家机关、省市自治区、各级政府都有自己的网站，而且国家领导人非常注意网上民意的问题。

因此，提高公务活动效率，要求广大公务员和各级政府必须重视网络。网络不仅是现代通讯、交流的工具，而且网络是使公务员更好地为人民服务、更好地为社会主义现代化建设服务的有效手段。

（二）网络的规则

公务员在使用网络过程中，必须对网上漫游的一系列规则有充分的认识，并加以严格的遵守。只有规范上网，才能正确、有效地使用网络，及时、妥善地处理公务。

公务员上网规则

△ 因公上网
△ 择时而用
△ 保守秘密

在这些规则中，有的是网络使用操作的具体步骤、程序、方法等，涉及"必须怎样"一类的网络"法律"问题。如若不然，就无法正常使用网络。例如，公务员在发送电子邮件时，必须清楚、准确地写明收件人的邮箱地址，稍有拼写或格式上的错误，所发邮件就会走错方向，或者被原样退回。

规则之中相当重要的另一部分则涉及"应该怎样"一类的网络道德问题。这些规则虽然不具有强制性的约束力，但仍然要求人们对它予以严格地遵守。对于公务员来说，对这些"道德性"规则的遵守，将有助于自身形象的维护。例如，公务员在撰写电子邮件时，切不可全部采用大写字母。如若不然，就会表现得像个高声骂街的泼妇，为广大网民所不齿。

◆ **因公上网**

单位的电脑是用来办公用的，因此员工在平时使用网络时必须明确自己上网的目的，做到公私分明，不可利用工作之便为个人利益服务。

具体而言，应做到以下"七不准"：

— 不准利用公款购买电脑软件或者支付因私上网的费用；
— 不准利用公款自行参加各种电脑知识培训，学习电脑技能；
— 不准占用公用电脑私自使用，专为个人服务；

第五章 公文、电话与网络的礼仪

——不准收发私人电子邮件；
——不准在办公时间玩网络游戏；
——不准滥交网友，随意进行"网上约会"；
——不准利用电脑做其他任何与公务无关的事项。

然而在实际工作中，违背上述规定的现象时有发生。类似的做法不仅极大地浪费了单位的财产，而且使公用电脑和网络无法在实际工作中发挥应有的作用，有的人因迷恋于网上的"私人作业"往往会大大降低其工作效率。

◈ 择时而用

公务员利用网络执行公务时一定要注意时间，做到择时而用，适时而上。

由于使用网络往往会占用电话线路，而电话是目前国家行政机关对外联络最常用的工具，因此公务员必须对上网时机的选择斟酌再三。如果时机选择不当，例如在平时电话联系最频繁的时间段上网，就会妨碍本单位与外界的交流，不仅是对他人的不敬，而且会影响公务的正常办理。

在适时上网的同时，公务员还应当注意把握适度上网的原则，要严格控制上网时间的长短。国家行政机关使用网络是为了提高工作效率，但如果长时间使用网络，不仅同样造成本单位与外界联系不便，而且会使本单位承担较重的上网费用负担，增加行政开支。

为了解决使用电话和使用网络之间的矛盾，国家行政机关必须采取切实可行的办法对上网时间进行有效的控制。例如，划定一个固定的时间段，作为本单位在工作日的统一上网时间。将此作为一项工作制度确定下来后通知与本单位有联系的其他单位，请求予以配合。本单位的工作人员只能利用这段时间上网办公，其余时间均须保持电话线路的畅通无阻。采取类似的做法，就会使工作纪律得以加强，工作作风得以改善，工作效率得以提高。

◈ 保守秘密

除了收发电子邮件和查阅资料外，互联网络还能向人们提供其他各种服务，如网上交谈、制作个人主页、网上购物、电子公告板（BBS）、网络游戏等。

公务员不得在工作时间享用上述私人服务项目。即使在闲暇时或在家接触这些项目，也应当遵守网络守则。

例如，公务员在网上与人交谈时，就应当遵守如下规则：进入聊天室应先打招呼；不必使用真名，可用表现自身特点的别名，但一旦确定，不宜频频更换，

以便交流；交谈时不可全部用大写英文字母；不可在交谈时显得自以为是等。事实上，人们在社交场合交谈的一般规则都适用于网上交谈。

下述两项规则，不论是因公上网，还是因私上网，都应引起公务员的高度重视。

⇨ 保守秘密

公务员因其工作的特殊性，往往掌握着一些国家机密。公务员切不可在使用网络这种极易广泛、迅速传递信息的交际渠道之时掉以轻心，泄露机密。因此，必须慎言谨行，不可把国家机密当成自己炫耀的资本加以传播，要避免在网上谈及与自己所知机密相关的话题，更不可故意泄密。

⇨ 制止犯罪

近些年来，"黑客"时常现身于网络。所谓"黑客"，是指采用非法手段侵入网络服务器的人。"黑客"往往凭借其高超的计算机知识和网络操作技能，进入重要机构的服务器，或偷窥机密，或擅改程序，造成网络混乱，并从中谋利，进行高科技犯罪。

公务员一般都具有良好的科技文化水平和计算机知识，又往往掌握着本单位、本部门的一些关键性网络资料，如果运用不当，或目的不纯，很容易给国家和集体造成巨大损失。作为人民的公仆，公务员必须正确使用网络技术，全心全意为人民服务，既不能充当"黑客"，同时又必须防范"黑客"，并与其坚决进行斗争。

（三）上网查阅资料

出于工作需要，公务员往往会上网查阅一些重要资讯或近期新闻。查阅新闻、资讯一般可通过新闻网和万维网两种途径，查阅时应当遵守以下规则。

第五章 公文、电话与网络的礼仪

网上查阅资料礼仪规范
△ 目标明确
△ 注重效率
△ 用语规范
△ 言语有度

◆ **目标明确**

所查阅的内容必须与公务相关，不可借机满足个人目的，在网上"顺便走一趟"。尤其不可登陆一些色情、反动网站。对于所需查找的内容和相关网址，应提前做好准备，有明确的目标，以便上网后直奔"主题"。不宜在网上漫无目标地临时查找，"随波逐流"。

◆ **注重效率**

公务员要熟练掌握查阅资料的技巧和方法，从而提高办公效率。对于所需要的资料可及时下载，不宜在网上长时间浏览。在网上发表个人意见时应简明扼要，不可长篇大论、自以为是。

◆ **用语规范**

在网上与人交流时，应当确保用语文明、规范，不得使用攻击性、侮辱性语言。另外，电脑有自身独特的语言符号系统，例如表情符：）表示微笑，：（表示皱眉，：｜表示冷漠，：D 表示大笑，等等。又如缩略语：BTW 表示"顺便说一句"，FYI 表示"仅供参考"，OTOH 表示"另一方面"，IMHO 表示"据我愚见"等。对于上述语言符号，应当谨慎使用，不得滥用，以免因对方不理解而导致交流受阻。

◆ **言语有度**

作为国家行政工作人员，为维护自身形象，维护国家行政机关形象，不可以单位或部门名义在网上任意发表个人对新闻时事的看法，尤其不能泄露国家机

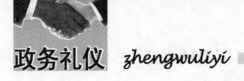

政务礼仪 zhengwuliyi

密。不宜在网上发表个人消息,亦不得在网上做生意和招揽客户。

(四)收发电子邮件

电子邮件,又称电子函件或电子信函,英语名称为"E—mail"。它是利用电子计算机所组成的互联网,向交往对象所发出的一种电子信件。

收发电子邮件,是公务员利用网络执行公务最常见的内容,也是最重要的方式。

在使用电子邮件时,需要遵守以下几个方面:

→除了不用信封和贴邮票外,必须遵守纸质书信的一般规范,要有礼貌,有称呼、问候、致谢、签名等。在收到他人的重要电子邮件后,应即刻回复对方。

→发出信件之前,必须采用杀毒程序扫描文件,以免将"病毒"寄给对方。如果没有把握,不妨将要发送的内容剪贴到邮件正文中,避免使用附件发送的方式。

→在内容上,应当认真撰写。主题要明确,语言要流畅,引用数据、资料最好要标明出处,以便收件人核对。篇幅要简洁,愈短愈好。

→避免滥用电子邮件。不可传播"垃圾"邮件,不可轻易地向他人乱发电子邮件,漫无边际地谈一些鸡毛蒜皮的无聊之事,用它浪费自己和他人宝贵的时间。

→注意电子邮件的编码。我国内地与港、澳、台地区及国外一些国家的中文编码不尽相同,通信时,乱码现象时有发生。因此,公务员向港、澳、台地区及国外发出中文电子信函时,要用英文注明自己使用的中文编码系统,以保证对方可以收到自己的电子邮件。

第6章

日常文书的礼仪

文书是公务活动的重要载体和介质,是开展公务活动必不可少的交流工具。

礼仪文书的种类很多。就公务礼仪活动来说,礼仪文书大体包括信函、致词、题赠三大类。礼仪文书撰写的总体原则是:主题突出,情意诚挚,格式规范,语言得体。

公务员管理政务、处理公务、传递信息等都离不开礼仪文书。礼仪文书已成为公务员日常工作中不可或缺的组成部分,并日益显示其重要的交际与沟通作用。公务员通过对多种礼仪文书的运用,向对方传递尊重、平等的信息,给对方以互惠、信用和美的感受,从而完善自我形象和机关形象。

本章要点

您应该记住的 7 个基本点

☐ 邀请函是为郑重邀请有关人员参加重大会议、庆典及纪念性活动而发出的书面通知。制发邀请函时,要求文字写作得体,制作正规,发送及时。

☐ 欢迎词是在欢迎宾客的场合上,由主人向客人表示欢迎的演讲。它应该既严谨正式,又要尽量使用热烈的语言。

☐ 答谢词的适用范围比较广。撰写答谢词应注意遣词造句,切忌套话连篇。

☐ 祝酒词是宴会、酒会开始时主人的致词,是主人借用酒的方式来表情达意,联络感情,活跃气氛。

☐ 贺词是致贺方发给受贺方的祝贺词。贺词的结构一般包括标题、称谓、正文、署名署时四部分。

☐ 表扬信和感谢信都是为了从正面表达情意的常用礼仪文书,因所致对象不同,内容、格式也不同。

☐ 慰问信是以组织或个人的名义,向有关人员表示安慰、问候、鼓励及亲切关怀而写的专用书信。

第六章 日常文书的礼仪

一、邀请函、欢迎词与答谢词

邀请函是公务礼仪书信的一种。在个人的人际交往中，一般叫请柬或请帖。邀请函的篇幅不长，写法相对简单一些。

欢迎词是致词的一种，是在欢迎仪式或会议上对出席人员、到访宾客表示欢迎的讲话。

答谢词是对所得到的帮助、受到的礼遇、获得的接受表示感谢的一种礼仪文书。

（一）邀请函

什么是邀请函？

因公务发出邀请的函件，就是邀请函。它是为郑重邀请有关人员参加重大会议、重要仪典及纪念性活动而发出的书面通知。又称邀请书、邀请信，请帖、请柬。

邀请函是一种礼仪性函件，属于公务文书中"函"的一种，用函的形式正式告知邀请对象参加有关活动事宜。

政务礼仪 zhengwuliyi

◆ **邀请函的适用范围**

使用邀请函的情形大致有以下几个方面:

→ 邀请参加会议及仪典,如一些纪念性庆祝大会、典礼、仪式等。

→ 邀请参加大型文体活动,如运动会、文艺晚会、联欢会等。

→ 邀请参加各类学术性、专业性会议,如学术研讨会、座谈会、论证会、鉴定会等。

→ 邀请参加商务性、业务性会议,如商务洽谈会、产品展销会、订货会、展览会等。

→ 邀请参加各类社交性活动,如宴会、酒会、茶话会等。

邀请函通常用来邀请上级领导、兄弟单位及外来嘉宾。本单位则用通知的形式行文。

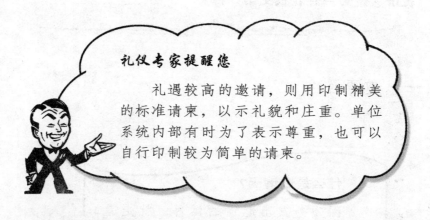

礼仪专家提醒您

礼遇较高的邀请,则用印制精美的标准请柬,以示礼貌和庄重。单位系统内部有时为了表示尊重,也可以自行印制较为简单的请柬。

◆ **制作与发送邀请函**

邀请函是公务活动中人际交往所常使用的应用性文体,只有注意在生活中积累、观察、使用,才能够使有关的礼仪要求内化为人们自身的一种素质,而不至于只成为外在的条条框框。

⇨ 文字写作上要适当安排

邀请函的标题部分要尽量凝炼概括,称呼要有礼貌,正文要根据所反映的内容不同而有所选择,或言辞朴实恳切,或语言激昂热情,不可模式化、套路化,同时必须对活动的内容、意义及参加者的任务和注意事项交待清楚。

第六章　日常文书的礼仪

▷ **邀请书在制作上要正规**

如果内容较多，份数较多，最好用打印的方式，既节省时间、人力，又显得美观。

▷ **选择发送时间**

邀请书的发送上也要注意时间的选择，近距离可派专人送达，远距离则要通过邮局邮寄。

（二）欢迎词

欢迎词是在欢迎宾客的场合上由主人所作的，向客人表示热烈欢迎的演讲。

一篇优秀的欢迎词能够给客人留下良好的印象，加强宾主双方的理解和交流，从而为顺利开展工作打下基础。

◆ **主要内容**

欢迎词的主要内容包括：

首先，代表主方向宾客表示欢迎或感谢。

其次，讲明来宾来访的目的和意义，述说宾主交往的历史和现状，展望未来合作的前景。

再次表示欢迎或感谢，或讲一些祝福和希望的话，或以大家举杯共饮作结束。

◆ **撰写要求**

→ 既要严谨、正式，又要尽量使用热烈的语言，营造活泼的气氛。

→ 讲述东道主热情好客的传统，可以使来宾感受到亲切的气氛。

→ 尽量做到求同存异，充分肯定宾主间已有的良好关系或合作成果，对彼此的分歧予以委婉处理或暂时搁置。

→ 真诚地赞美来宾是迅速赢得来宾认同与好感的有效方法。

→ 适当引用来宾熟悉的事例、谚语、方言等，可以拉近彼此的心理距离。

政务礼仪 zhengwuliyi

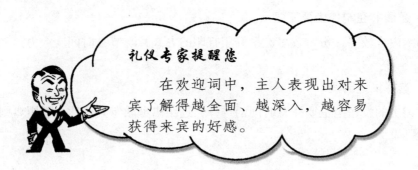

礼仪专家提醒您

在欢迎词中，主人表现出对来宾了解得越全面、越深入，越容易获得来宾的好感。

◆ **欢迎词的规范格式**

欢迎词一般包括以下几个部分：

➩ **标　题**

简短的欢迎词，通常只写"欢迎词"。有时可以再写上致词场合和致词人。如"在×××会议的欢迎词"，或"如×××在××××欢迎词"。有时也可以只称"致词"，如"×××在××××欢迎仪式上的致词"，可以避免重复。

➩ **称　谓**

写欢迎对象的称呼，包括主宾及其他人员。通常要加尊称和职务、职称、学衔等。如"尊敬的总统阁下"、"敬爱的部长夫人"。如果欢迎对象是一个群体，就要根据具体情况加以称呼，如"各位来宾，各位朋友"、"各位新同学"等。

➩ **正　文**

欢迎宾客的，一般要说明三层意思：表示欢迎；阐明意义；表达良好祝愿。欢迎新成员的，则是表示欢迎，提出期望，表达祝愿。正文部分要根据不同的欢迎对象和场合，确定不同的内容。一般要写得结构分明，条理清楚，言词简洁。

➩ **结束语**

主人再次向来宾表示欢迎和祝愿。

➩ **署名署时**

写致词人和日期。也可以采用在标题下加括号注明的题注方式。

第六章 日常文书的礼仪

(三) 答谢词

答谢词是对所得到的帮助、受到的礼遇、获得的授受表示感谢的一种礼仪文书。

◆ 适用范围

答谢词的适用范围比较广泛。就工作礼仪活动来说，其主要有：

⇨ 答谢款待

一般在主人接待宴会上，对受到的热情接待和宴请表示感谢。

⇨ 答谢迎送

在欢迎、欢送仪式上，欢迎、欢送方负责人致欢迎词、欢送词，受到欢迎、欢送的一方代表就要致答谢词。

⇨ 答谢帮助

对帮助解决困难、接受捐赠的感谢。一般在捐赠仪式上，接受方负责人或代表要致答谢词，表达感激之情。

⇨ 答谢道贺

单位之间有些庆祝活动、庆贺仪式，为了感谢兄弟单位前来参加活动、仪式或其他形式的祝贺，需要在一定的场合表示感谢。

⇨ 答谢授受

单位团体或个人在受奖、受衔仪式上用致答谢词表示感激之情。

◆ 撰写规范

答谢词是迎送宾客和会议时应酬用的文书。宾客刚刚来访，东道主为他举行欢迎仪式或接风洗尘，致欢迎词；访问结束送行时，在宴会上要致欢送词。而答谢词则是主人致欢送词后，对主人的热诚欢迎表示感谢；另一种是在活动结束后，客人对主人的热情款待表示感谢。

政务礼仪 zhengwuliyi

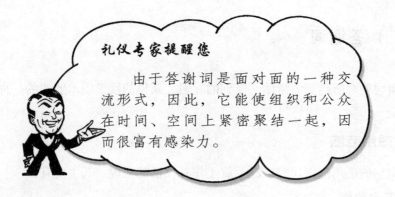

礼仪专家提醒您

由于答谢词是面对面的一种交流形式,因此,它能使组织和公众在时间、空间上紧密聚结一起,因而很富有感染力。

答谢词的名称虽不一样,但写作方法是大致相同的。

正文前对于答谢对象要用尊称,一般都在姓前面加表示亲切的词语。如"尊敬的"、"敬爱的"等。称对方名要用全名,不能用简称、代称,更不能叫小名或绰号。正文需用客套语,然后开门见山地抒发自己或本单位激动、兴奋之情,表达出敬意和感谢。答谢词说明在对方关怀下所取得的成绩,表示要继续努力,争取做出更大的贡献,并表达辞行惜别之情。最后,以祝愿或表示敬意结尾。如"再一次表示热烈欢迎"、"祝×××身体健康,旅途愉快""向×××再一次表示诚挚的感谢"等。

撰写和演讲答谢词应注意遣词造句,切忌套话连篇。既然是礼仪性的文书,难免有应酬之词,但不能满篇都是客套话。

如果感情不真挚,又缺乏实实在在的内容,不但会给人以千篇一律之感,还会使对方产生虚伪的印象。同时还要注意内容简短,结构完整,语言精确,语气热情、友好。

第六章 日常文书的礼仪

二、祝酒词、贺词与题词

祝酒词，一般是宴会主人借用喝酒的形式来表达情意，祝酒可以烘托出宴会的欢乐气氛。

贺词又叫祝词，它用口头或书面的形式表示对对方祝贺的情意。贺词可以起到激励对方再接再厉，更进一步前进的作用。

题词仅是一种社交现象，用字不多却能体现出关怀与祝福，题词一般是领导使用多。

（一）祝酒词

祝酒词是宴会、酒会开始时主人的致词，它是表达讲话人情意的一种礼仪文书。

祝酒词必须是宴会主人的致词。在各种宴会或酒会开始时，用简短的讲话来表达某种感情，施行一种礼节。应邀出席宴会的宾客是不致词的。

祝酒词是借用酒的方式来表达情意，联络感情，活跃气氛的，它通常在正式的较为隆重的宴会、酒会上使用。一般的宴请，只是简短的几句祝愿性话语，不需要写成书面的祝酒词。

政务礼仪 zhengwuliyi

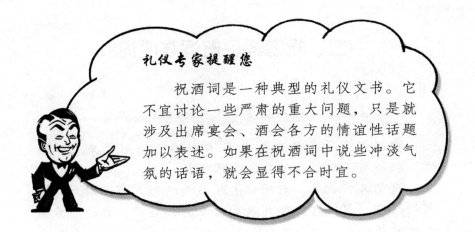

礼仪专家提醒您

祝酒词是一种典型的礼仪文书。它不宜讨论一些严肃的重大问题,只是就涉及出席宴会、酒会各方的情谊性话题加以表述。如果在祝酒词中说些冲淡气氛的话语,就会显得不合时宜。

正式的祝酒词一般有四部分:标题、称呼、正文、结尾。

◆ 标 题

可以只写"祝酒词"即可。也可以在前面加上在什么场合等文字,如"在欢迎×××代表团宴会上的讲话"。

◆ 称 呼

祝酒词的称呼往往要照顾全面,还要更显亲切。称呼按先外后内、先高后低、先女后男、先远后近的顺序排列,尽可能照顾周全。

◆ 正 文

正文可分三部分:第一部分表示欢迎、欢送、问候、感谢等;第二部分是主体部分,要写实质性内容,如双方的合作、友谊、会谈、会见的历程、成果、发展、意义或对对方态度的称赞、感谢等,还可以对对方的成就和一贯的友好态度等给以肯定和赞誉;第三部分写祝愿、希望。最后提议为×××干杯。

写祝酒词,要根据对象、场合、双方关系的融洽程度,以及此前相关事务进展等情况考虑措词。一般都应当显示出热情诚恳、感情充沛、随和轻松的态度,如果能恰当地使用幽默的语言,更会使宴会气氛愈加轻松、活跃。但要注意对方的习俗、禁忌。

第六章 日常文书的礼仪

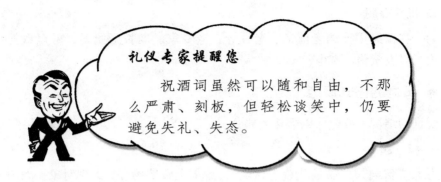

礼仪专家提醒您

祝酒词虽然可以随和自由,不那么严肃、刻板,但轻松谈笑中,仍要避免失礼、失态。

(二) 贺 词

贺词又叫祝词,就是用口头或书面的形式表示祝贺的礼仪文书。

贺词是致贺方发给受贺方的一种祝贺之词。致贺方可以以单位团体的名义,也可以以机关单位首长的名义;受贺方可以是单位团体,也可以是个人。

◆ 贺词的适用范围

贺词使用的情形大致有以下几个方面:

▷ **祝贺重大活动**

对一些机关单位举行重大活动表示祝贺,如重大庆祝活动,经济、商贸、旅游、文化、体育活动等。

▷ **祝贺重要会议**

对一些代表性会议、专业性会议及国际会议召开表示祝贺。比如,全国党代会召开,各民主党派及国外某些政党就会发来贺电。

▷ **祝贺突出成就**

对单位取得突出成就表示祝贺,如取得优异成绩、发明创造、科学成就等。

▷ **祝贺重大项目**

对重大建设项目奠基、动工、落成、开业等表示祝贺。

▷ **祝贺重大节日**

对一些重大传统节日、纪念日表示祝贺。如元旦献辞、新春贺词等。

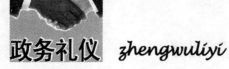

政务礼仪

⇨ 祝贺寿辰

为一些德高望重的老前辈、老领导、老专家、老教师祝寿，可以致祝寿贺词，也可以发贺信、贺电。

◆ 贺词的格式规范

贺词的结构一般包括以下几个部分：

⇨ 标　题

写上"贺词"、"贺信"或"贺电"，或加上致贺场合、致贺对象，如"中共中央、全国人大常委会、国务院庆祝广西壮族自治区成立五十周年的贺电"、"在×××会上的贺词"。文种名称要根据不同的使用场合加以选择，书面称"贺信"，电文用"贺电"，祝寿叫"祝词"或"祝寿词"。

⇨ 称　谓

顶格写受贺单位名称或个人姓名及称谓。

⇨ 正　文

是贺词的主体，分若干层表达，言简意赅。一般表示祝贺、阐明意义、提出期望等。致贺对象和致贺因由不同，内容有所不同。如祝贺会议，首先祝贺胜利召开，然后阐明会议意义，预祝会议圆满成功。如果是祝寿，则是祝贺寿辰、功绩品格评价、祝愿健康长寿。

⇨ 署名署时

署上致贺单位或个人姓名，写明年、月、日。

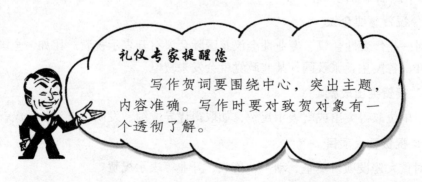

礼仪专家提醒您

写作贺词要围绕中心，突出主题，内容准确。写作时要对致贺对象有一个透彻了解。

比如祝贺会议，必须了解会议召开的背景、会议性质意义及主要议题；如果是祝寿，则必须了解受贺方的生平事迹、成就、贡献、品德等。同时必须做到表

第六章 日常文书的礼仪

达得体，切合身份。

（三）题　词

题词是为了纪念、勉励、号召而题写的简短文字。严格说来，题词并不是一种文件，而是一种社交现象。

◆ 题词的种类

题词的种类

△对人物的题词
△对事业的题词
△对物品的题词

题词的种类很多，题词人身份不同，题词对象广泛，题词的载体多样。就公务活动中的题词而言，主要是领导人对人、事、物的题词。

⇨ 对人物的题词

一般是对先进人物、先辈英烈的题词。如毛泽东为雷锋的题词："向雷锋同志学习"；为刘胡兰的题词："生的伟大，死的光荣"；江泽民为孔繁森的题词："向孔繁森同志学习"；李鹏的题词："学习孔繁森同志热爱人民无私奉献的精神"。

⇨ 对事业的题词

一般是领导人对某项事业、某一战线、某一部门的题词，大多是指明方向，发出号召和希望。如毛泽东对体育事业的题词："发展体育运动，增强人民体质"；周恩来对邮政事业的题词："传邮万里，国脉所系"。

⇨ 对物品的题词

一般是对自然物、建筑物、区域单位、出版物等的题词。毛泽东为人民英雄纪念碑题词："人民英雄永垂不朽"；王任重为《文摘报》出版500期题词："资

政务礼仪

料精粹,信息总汇"。

从题词的载体来说,主要有簿题、幛题、匾题和图题。簿题是在题词簿上题词,留作纪念;幛题是在庆贺、丧吊的长条幛幅上题词,以示庆贺或哀悼;匾题是题写匾额,便于悬挂;图题是在图片或照片上题词。公务活动中的题词,通常是在另纸题写。视必要再另行印制、装裱。

◆ 题词的礼仪规范

题词不像其他文体有较严格的格式要求,它较自由些,表面用词较短,但也有讲究:叙事要简短而充实,语言要有力而严谨。具体地说,其主要有以下几点:

题词的礼仪规范
△ 明确题词的对象与事由
△ 题词要讲究语言美和音律美
△ 题词要讲究款式的规范化

▷ **明确题词的对象与事由**

既要搞清题词对象的性别、年龄、身份、职业、地位、信仰等,又要明确为何事、在何种场合、何时而题词。

▷ **题词要讲究语言美和音律美**

题词作为一种高雅的交际活动,要求题词典雅别致,含蓄隽永,书法优美,并且讲究音韵和谐,字与字之间要平仄声韵协调,体现一种音律美。

▷ **题词要讲究款式的规范化**

题词的款式按社会约定俗成的款式来书写。题词分正文、题款两部分内容。题款又分上款与下款。上款书为何人何事而题词,下款书何人何时题书。题词款式分横写、竖写两类。主要写法是:横写时,一般正文自右而左写,上下左右居中;竖写时,上款于正文右端自右上方往下竖写,下款于正文左端自中间部分起往下竖写。上下字要明显小于正文的字。

第六章 日常文书的礼仪

三、表扬信、感谢信与慰问信

表扬信首先具有感谢的意思,它是通过文书形式赞颂某种好品德、好风格。表扬的对象广泛,主要起着号召和激励的作用。

感谢信大多以单位行文方式发布,适合刊播和张贴,同样能起到弘扬正气、激励先进的作用。

慰问信是以组织或个人的名义,向有关单位和人员表示安慰、问候与鼓励。主要体现了组织的温暖、社会的关怀,能给被慰问者以奋进的勇气和信心。

(一)表扬信

表扬信是表彰某些单位、集体、个人的先进思想、风格、事迹的书信。

表扬信可以以领导机关或群众团体的名义表彰其所属的单位、集体、个人,也可以是群众之间的互相表扬,这种表扬信不仅赞颂对方的好品德、好风格,也有感谢的意思。

◆ 适用对象

表扬信表扬的对象可以是群体,也可以是个人;可以是对模范行为、英勇举动的表扬,也可以是对崇高品格、先进思想的表扬。

表扬信通常发给表扬对象的所在单位。也可以在一些公布栏张贴,或者提供在报刊上发表,在互联网上登载。

表扬信属于一种特殊函件。它起到弘扬正气、激励先进的作用。

政务礼仪 zhengwuliyi

◆ **格式规范**

表扬信和一般函的写法大致相同。由标题、抬头、正文、落款四部分组成。

⇨ **标　题**

标题写"表扬信"三字。如需张贴的要用特大号字，显得醒目。

⇨ **抬　头**

类似函的主送机关。写明表扬信送达的机关或个人。一般是写单位名称。即便是表扬个人的，也常常是发给表扬对象的所在单位。

⇨ **正　文**

写清表扬单位或个人的事迹。通常要把由来、经过及表扬的对象所表现的精神品格写清楚。末尾建议有关单位给予宣传、表彰。

⇨ **落　款**

就是署名和署时。行文时要加盖公章，以示效用。

（二）感谢信

感谢信是对给予关心、帮助、支持的单位和个人表示谢意的礼仪性文书。

感谢信可以写给个人，也可以写给单位；凡是单位之间、单位与个人之间互相帮助和支持，得到帮助的一方就可以用感谢信的形式表示感激之意。

感谢信大多用单位行文的形式发布。也可以在各种媒体上刊播，有的还在一定的场合张贴。

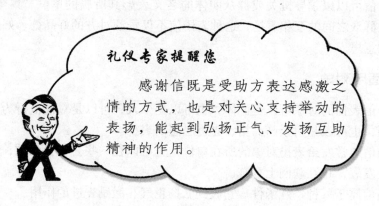

礼仪专家提醒您

感谢信既是受助方表达感激之情的方式，也是对关心支持举动的表扬，能起到弘扬正气、发扬互助精神的作用。

第六章 日常文书的礼仪

感谢信是为了答谢对方的邀请、问候、关心、帮助和支持而写的专用书信。感谢信一般有两种形式，一种是写信人写给某人或组织的不公开的感谢信；另一种是公开张贴的大幅感谢信。它们不仅具有感谢的意思，而且也具有表扬的内涵。

感谢信的写法是，正文上方正中用大字体写"感谢信"或"致×××的感谢信"。在正文前一行顶格书写被感谢的单位名称或个人姓名、称呼。正文首先要简洁叙述对方的好品德、好作风、好思想和先进事迹，可侧重叙述对方在关键时刻给予的关心、支持、帮助，以及所产生的作用。然后，向对方表示学习的决心。结尾应概括写出表示敬意、感谢的话，如"致以最诚挚的敬礼"、"此致——敬礼"等。最后，署名写感谢信一方的组织全称或个人姓名，写明发信的年、月、日。

（三）慰问信

慰问信是以组织或个人的名义，向有关单位或人员表示安慰、问候、鼓励及亲切关怀而写的专用书信。

慰问信体现了组织的温暖、社会的关怀和组织与公众之间的深厚情谊，给人以继续前进的力量、勇气和信心。一般常借重大节日、纪念日之机对有关人员进行慰问；对受到意外灾害，蒙受严重损失的人员进行慰问；对做出重大贡献的人员进行慰问等。

慰问信的格式，分标题、正文、落款、日期四部分：

◆ 标　题

一般在首行中间写"慰问信"。或者写"××（单位）××（节日）给×××（人员）的慰问信"。或者写"××（单位）××（节日）慰问信"。

◆ 正　文

开头写慰问的原因、背景等，接着写表示问候的话。如"谨代表×××向你们表示深切的敬意和亲切的慰问"、"向你们致以节日的问候"等。中间内容应因人、因事而异。一般可以对慰问对象的贡献进行概述和作出评价，概括出他们的作用、地位和意义，然后号召大家学习他们的高贵品质等。

政务礼仪

◆ 结　尾

可以用勉励、要求和共同的愿望、决心作结尾。最后以祝贺、祝愿、希望的句子如"祝您节日愉快"来结束全文。

◆ 落　款

在正文的右下方，写发出慰问信的单位或个人，以及年、月、日。

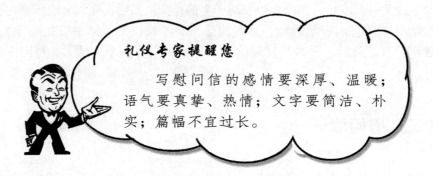

礼仪专家提醒您

　　写慰问信的感情要深厚、温暖；语气要真挚、热情；文字要简洁、朴实；篇幅不宜过长。

第 7 章

调研、慰问与信访中的礼仪

调研、慰问与信访工作，是政府机关公务活动中经常性的工作，也是公务员运用多种方法通过各种途径了解实际情况、认识客观世界的实践活动。公务员在组织开展这些活动时，一定要坚持实事求是的作风，勤政务实，以高度负责的精神，遵循相关的礼仪规范。公务员在调研、慰问和接待信访中，应当努力提高自身素质，了解程序、掌握原则、端正态度、提高效率，严格执行政务礼仪中与之相关的规范要求，只有这样才能提升自己开展公务活动的能力，展示自己的工作水平。

本章要点

您应该记住的 5 个基本点

☐ 调研是为了坚持实事求是的作风，提高公务员的行政和领导水平，加强公务员队伍的勤政、廉政建设而进行的调查研究。

☐ 为了做好调研工作，公务员在进行调研时，必须遵循实事求是、近源亲受、谦虚谨慎等基本原则。坚持调查与研究相结合，运用科学的方法，对调查所掌握的情况进行综合分析，找出本质、成因和一般规律。

☐ 开展慰问活动应当充分体现慰问者对慰问对象的深切关怀，这是慰问礼仪的根本着眼点。慰问时应遵循对象不同、原因不同、时机不同、方式方法不同等"四不同"原则。

☐ 信访工作是人民群众监督国家行政机关的重要方式，党和政府历来对信访工作都十分重视。做好信访工作，可以提升国家行政机关的形象。

☐ 从事信访工作的公务员责任重大，既要做到及时、准确、全面而有见地地保证信息的畅通无阻，又要严格甄别、过滤，不得对上级领导和有关部门谎报信息，进行误导。为此，必须严格遵守信访工作的基本制度。

第七章 调研、慰问与信访中的礼仪

一、调 研

调研，是调查研究的简称。坚持调查研究，是公务员的基本职责之一，也是公务员做好本职工作的必不可少的重要保证。因此，要坚持实事求是的作风，提高公务员的行政水平和领导水平，加强整个公务员队伍的勤政、廉政建设，就非常有必要重视和提倡调查研究工作。

为了提高工作水平，公务员进行调查研究时，必须遵守调研工作的礼仪规范。

（一）调研概说

调查研究是公务员获取正确的职能信息，以资决策或把握民情的一种基本手段。以此可以认定，调研工作是公务员一项经常性的职能性任务。

确切而言，调查与研究本身是由互相联系、密不可分的两个相对独立的过程所组成的。调查，指的是通过有目的的实际感受、考察，从而初步取得客观信息的过程。研究，则是指对业已初步获得的客观信息进行科学的归纳、分析，以便寻求内在联系或切实结论的过程。

"调"和"研"的关系

从总体上来认识，调查与研究往往是互相影响、互相制约、互相作用的，故此人们一般把这两个过程相提并论。调查研究，就是人们有准备、有目的、有计划地采用科学的手段和方法考察、获取、分析、综合、整理客观信息的一种社会活动过程。或者说，它是人们为了改造客观世界，而主动认识、把握客观事物的一种积极的活动手段。

政务礼仪

◆ 主动调研与被动调研

公务员通常所进行的调查研究可以分为两种类型。

⇨ 主动调研

即公务员未受委派,而自觉自愿地从自己的职能需要出发,主动去获取、整理有效信息的调研。这种调研,更多的是为了用于职能信息的积累。故此它也称为信息型调研。

⇨ 被动调研

即公务员受到委派,并且受到委托意图的制约,而被动地去获取、整理相关信息的调研。这种调研,通常都有事先限定的具体范围或方向,所以它又叫定向型调研。

对于公务员来说,既要提倡多搞主动调研,同时,也要努力搞好被动调研。二者均不得有所偏废。

◆ 调研的博与专

假定对调研所涉及的范围、方向或业务领域进行综合比较,将会发现:担负领导工作的公务员,其调研的具体领域,往往既专又博,并且比较偏重于调研的宏观性、综合性。而从事具体工作的公务员,则大都是将自己的调研局限于某一特定的业务领域之内。尽管调研也有博有专,但在必须坚持调研、以支持工作的深入开展这一点上,对所有公务员的要求都是一致的。

◆ 提高认识,做好调研工作

全体公务员在实际工作中,要坚持调研,做好调研,关键是要从根本上树立起对调研正确的认识。

进行调查研究,是关系到国家行政机关正确决策、顺乎民心、合乎民意、符合实情、有力控制、有效管理的带有超前性的认识、实践活动。在实际工作中,"没有调查就没有发言权"。闭门造车、笃信本本,而不知"今夕是何年",对于国家政务必将造成难以挽回的损害。

一切公务员,不论其职位高低,担子轻重,都不能只凭热情去工作,而必须把它与务实精神结合起来,才能取得成功。结合的方式,就是要用科学的理论和方法,对自己周围的环境和面临的任务,进行系统而周密的调查研究,不凭一时的热情,不凭死读书本,而凭客观存在的事实,详细地占有材料,并且从这些材

第七章　调研、慰问与信访中的礼仪

料中引出正确的结论。

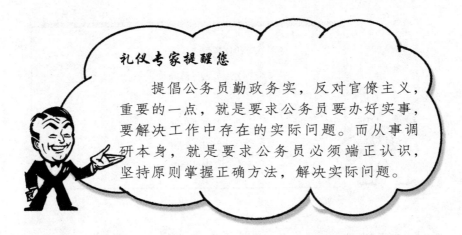

礼仪专家提醒您

提倡公务员勤政务实，反对官僚主义，重要的一点，就是要求公务员要办好实事，要解决工作中存在的实际问题。而从事调研本身，就是要求公务员必须端正认识，坚持原则掌握正确方法，解决实际问题。

要求公务员端正对调研工作的认识，主要是为了实现两个目的：

⇨ **把握民情**

作为一个恪尽职守的公务员，要真正做到全心全意地为人民服务，就必须关心人民群众的真正的疾苦。就必须了解群众想什么、群众缺什么、群众要什么、群众讨厌什么、群众鄙夷什么、群众不适应什么。调研要近源亲受，就是为了从客观实际中真实地了解民情，了解人民群众真实的感受和想法，这个是非常非常重要的。

⇨ **正确决策**

国家政府机关为群众服务，要讲究政策。调查研究是为了和人民群众互动。为了和人民群众交流，为了了解人民群众的真实的想法，以便使我们的政策更好地为人民服务。我们的政策是要为人民服务的，我们的政策如果不能够满足人民的需求，甚至跟人民群众的需求背道而驰，能说正确吗？

所以我们讲的端正对调研的认识，一是为了了解民情，再者也是为了正确决策。二者不可或缺。公务员对此必须要有充分的认识，予以高度的重视。这也是政务礼仪规范中调研礼仪的基本原则。

（二）调研的程序

调研活动是认识客观事物的一个过程，它由一系列步骤和程序组成。一般来

政务礼仪 zhengwuliyi

说，其包括以下步骤：

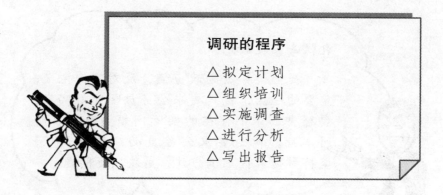

调研的程序
△ 拟定计划
△ 组织培训
△ 实施调查
△ 进行分析
△ 写出报告

◆ 拟定计划

大型调查通常要有一个计划，包括调查目的和要求，调查项目及重点，调查范围、区域、对象，调查方式、方法，调查步骤、进程及时间安排，调查的组织、分工、工作制度及物质准备等。有些调查要设计调查提纲，有些还要准备调研工具，如设计问卷、调查表等。

◆ 组织培训

学习政策文件和有关理论知识，包括与调查内容有关的方针、政策、法规，有关理论、业务知识，收集调查对象的历史、现实资料。有些大型调查，需要组织人员培训，统一认识，统一步骤，统一调查口径。

◆ 实施调查

按照调查计划或提纲，组织调查，运用多种方法收集资料。实施调查过程中，要对一些新的情况采取适当的处理，如遇到意外或干扰影响甚至中断调研，调查对象的变化、增减，时间的推延或提前，步骤的调整变化，发现原计划中没有的新的重要问题等。

◆ 进行分析

对所调查的情况、收集的材料进行鉴别、归类、分析、综合。对材料的真实性、重要性、准确性进行鉴别，注意材料的来源、提供材料者的利害关系，进行

第七章 调研、慰问与信访中的礼仪

多方比较。同时对原始材料进行修整补充,统一标准,包括时间、地域、概念、计量单位及称呼等。还要对材料进行分类,找出联系与区别。

◆ 写出报告

调研的目的是最终要形成结果。有些要写出调研报告,有些要写成专题报告。

(三) 调研的原则

调研要坚持正确的原则。在实际工作之中,公务员要做好调查研究工作,非常有必要遵守以下几项调研基本原则。

调研的基本原则
△ 实事求是
△ 近源亲受
△ 谦虚谨慎
△ 紧扣课题
△ 讲求实效
△ 重视研究
△ 持之以恒

◆ 实事求是

调研需要科学的态度,坚持实事求是的原则,尊重事实,摒弃偏见,不搞主观臆想,不能谎报军情,曲意逢迎。调查研究是一项严肃认真的工作,不能敷衍了事,图形式,走过场,要注重调查的有效性。实事求是是任何调研工作的第一原则。

毛泽东说过:"实事"就是客观存在着的一切事物,"是"就是客观事物的内部联系,即规律性,"求"就是我们去研究。

实事求是这条辩证唯物主义的思想路线,无疑应当成为公务员从事调研活动

政务礼仪 zhengwuliyi

的最根本的指导原则。

公务员在工作中要实事求是，坚持群众路线，就必须进行调查研究。而进行调查研究，就不能不坚持实事求是。

在实践中，公务员要坚持实事求是的原则，在思想上不能搞主观性、片面性，在工作中不能抱有偏见，不能带条条框框。同时，必须坚持不惟上，不惟书，要惟实。要坚持真理，坦诚己见，不要对上级机关报喜不报忧，更不能对其曲意奉迎，谎报军情，看上级脸色行事。

◆ 近源亲受

具体的调研方法有许多，它们互有千秋，各具特色。不过对公务员来说，近源亲受，即直接接触调查对象、亲口尝一尝梨子滋味的方式，却是应一贯予以提倡的。

按照调研者与调研对象距离的远近，自远而近地来区分，调研可以分为间接式、直接式与参与式三种。通过间接式调研，只能取得经过加工或转手了的二手、三手材料；而通过参与式调研，则可以亲自参与其事，更为真切地了解实情。因此，提倡调研近源亲受，就是要求在力所能及的情况下，应尽可能地采取接触调研对象的直接式、参与式调研方法，尽可能地亲自获取第一手材料。

◆ 谦虚谨慎

调查研究也是一种学习，调研过程是调查人员学习和丰富自己的机会。需要有眼睛向下、"放下臭架子、甘当小学生"的精神。作为调查人员，态度诚恳，谦虚谨慎，才能获得调查对象的积极配合，最终取得调研成果。

◆ 紧扣课题

许多调研，往往始于选题。公务员在进行调研时，不论其课题是自行选定的，还是上级指定的，都要以此为纲，肯下功夫去钻研、把握，并且在整个调研的过程中，自始至终地紧扣着它来取舍、研究自己所获取的一切信息。

倘若对调研的课题缺少研究，或是在调研的过程之中背离课题，就会无所适从，不知去向，只见浮光掠影，而难以获取正确的或有用的信息。一句话，调研如不切题，必将干扰调研。

调研要切题，并非要求在调研时不顾其他，而是要求其他的一切都要围绕调研的课题进行，要集中精力，排除干扰，务求必胜。

第七章 调研、慰问与信访中的礼仪

◆ **讲求实效**

公务员在进行调研时,应当在保证质量的同时,讲求效率的提高。

调研的目的,乃是获取有用的信息。而任何信息都具有很强的时效性。假如在获取或运用信息时错过了适当的时机,轻则劳而无功,重则会使工作受到影响。在这个意义上可以说,调研如果不讲时效,也可算是调研者的一种失职。

讲求调研的效率,重要的是在平日要注重信息的积累,练好调研的各种基本功,并且在工作中注意与其他同事相互支持,友好合作,以避免重复劳动。

◆ **重视研究**

调查与研究是密不可分的。调查是基础,是前提;研究是调查的发展和深化。没有研究,调查就会停留在一般的层面上,调查就不会深入。调研工作一定要重视研究,否则任何调查都不会有实际结果,都成了无用功。因此,要运用科学的方法,对调查所掌握的情况进行分析综合,找出本质、成因和一般规律。这才是调查工作所要达到的真正目的。

◆ **持之以恒**

在实际工作中,公务员进行调查研究应形成风气,形成制度,以必要的措施、规定,来确保调研工作能够坚持下去、持之以恒。

对调研工作,任何人都不能漠然视之。不能忽冷忽热,兴起之时,天天下去微服私访,追求轰动效应;兴趣既去,就对调研不闻不问,或是在调研时马虎行事。

总而言之,公务员不仅要响应上级机关的号召,自觉而主动地大兴调查研究之风;更为重要的,是要在日常工作中,将这一工作作风坚持下来,形成制度,并且持之以恒。惟其如此,才会使公务员真正地体察百姓的疾苦,了解人民的呼声,把握时代的脉搏,掌握社会的动向,与人民群众同呼吸、共命运,更好地做好自己的本职工作。

(四) 调研的方法

公务员的调研要取得成效,离不开采取正确的调研方法。确定调研的具体方法,应当兼顾调研的任务、目的、要求、时限、对象、领域和范围等几项主要的

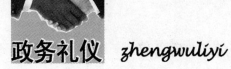

政务礼仪 zhengwuliyi

因素。

通常,公务员可以相机采用的调研的科学方法,大体上可以分为直接调研与间接调研两种类型。

◆ 直接调研

直接调研型,指的是调研者亲自出面,亲临现场进行考察,或是正面同调查对象发生直接接触的调研。具体来说,这种类型的调研又分成三种方法。

直接调研的方法
△ 现场观察法
△ 个别访查法
△ 集体座谈法

⇨ 现场观察法

这是指调研者通过接近信息主体,直接对其耳闻目睹、观察了解,从而取得所需信息的调研方法。其长处是可以使调研者对调研对象亲历亲受,便于即时发现情况,掌握宝贵的第一手材料,其所得信息可信程度较高。它既可用于定向型调研,亦可用于泛向型调研。

采用这种方法调研有一定的短处。例如,容易使人走马观花,蜻蜓点水,只见树木,不见森林,浮于表面,难见本质。容易使人只了解此时此地的情况,而难知彼时彼地的情况,难见问题的全貌。容易使人先入为主,受到主观印象的影响较大。

采用此法调研时,务必要克服成见,不搞片面性。由此及彼、由表及里,反复比较、鉴别,反复追踪,多点多面地进行观察,以便透过现象,找出本质,看清全貌。

⇨ 个别访查法

指的是调研者面对单个的调查对象,通过与对方进行直接交谈或者问答,来取得自己所需信息的调查方法。

个别访查法的优点,是针对性强,可以相互启发,集中而又及时地追踪、深

第七章　调研、慰问与信访中的礼仪

化、扩展、校正调研者感兴趣的信息，而且适用于各种层次、各种素质的调查对象。与现场观察法一样，它是进行定向型调研和泛向型调研时都可以采用的。

它的缺点，主要有三点：一是要受调研对象时间的制钓，必须预约；二是要受调研对象综合素质的影响，其文化程度、表达能力等都至关重要；三是要受调研者与调研对象双方情绪与态度的影响，能否使调研对象知无不言、言无不尽，一时难以确定。

公务员运用这一方法调研时，必须尊重调研对象的个人意愿，不要强人所难。同时，还一定要平等相待，诚实无欺，不可居高临下，喝来斥去，如同升堂办案。更不可以搞逼、供、信，威胁利诱、套问、诱供，存心做假欺人，或是偏听偏信。

⇨ 集体座谈法

指的是调研者召集多名调研对象举行座谈会，通过自己主持会议、掌握议题、引导发言以取得信息的调研方法。

采用此法调研，可以节约时间，集思广议，深化主题，并可对多人的看法相互比较、印证，取得较有代表性的意见。故此它多用于定向调研。

运用集体座谈法调研的局限在于，各位调研对象发言时可能会有所顾虑，因而人云亦云，"环顾左右而言他"。另外人多嘴杂，众说纷纭，往往让调研者莫衷一是，一时难以去粗取精，去伪存真，由此及彼，由表及里。

采取此法调研时，应尽量使出席者知情，具有代表性，并且敢于直言不讳。调研者则应谦逊恭谨，少说多听，善于提问，并且切记兼听则明，偏信则暗。

◆ 间接调研

间接调研型，是调研者不必亲自接近信息主体，而是利用已有的材料进行深入细致的调研，或是通过问卷、统计等渠道，间接地从事的调研。间接调研型的具体方法也有三种。

政务礼仪 zhengwuliyi

间接调研的方法
△ 书面问卷法
△ 资料查阅法
△ 统计综合法

⇨ **书面问卷法**

书面问卷法，指的是调研者事先设计好一定内容的书面调查问答卷，而去请求调研对象填写回答，借以取得信息的调研方法。

设计书面问答卷，可采用两种具体形式：一是限答式问卷，即以选择题或判断题的形式，在卷面上将各种可能的答案悉数列出，而请调研对象从中加以选择；二是泛答式答卷，即以填空题、问答题为形式，在卷面上提供相对粗线条的问题，而任凭调研对象自由作答，尽情发挥。在调研时，这两种形式可同时结合在一起使用，也可以只是采用其中某一种形式。

书面问卷法的优点是，可在同时、异地一次性地取得众多信息，费用节省，内容限定，可控性强。因此它很适用于大面积、大容量、针对性强的调研，并适合进行定量、定性分析。

它的缺点，则是形式呆板，不够灵活，而且所获取的信息的可信程度，往往还会受到调研对象的道德、文化、知识水平与态度、情绪变化的左右。

在设计书面问答卷时，不要忘记一开始即应首先向调研对象致谢。内容要扣题，文字要简洁通俗，问题要考虑到调研对象的接受能力，不要涉及其敏感问题，也不要加以暗示或诱导。

第七章　调研、慰问与信访中的礼仪

　　⇨ **资料查阅法**

　　资料查阅法，就是调研者通过检索查阅现有的各种载体所贮存的信息，以取得自己所需要的有效信息的调研方法。

　　采用这种方法进行调研的好处，是省时、省力、系统、全面。它既可单独使用，也可在以其他方法进行调研之时用来作为案头准备。

　　它的明显不足是所得均为二手材料，难免会受到材料制造者的主观取舍以及当时各种条件的限制，因而具有片面性。若对此笃信不疑，不予鉴别，弄不好会使调研者误入歧途。

　　公务员在使用资料查阅法调研时，应当心中有数，目标明确，既旁征博引，又精益求精，去假留真。不要贪多务得，大海捞针。不可不加考证，不辨真伪，查到便用。更不能掐头去尾，断章取义，或者胡编滥造。

　　⇨ **统计综合法**

　　统计综合法，是指调研者运用科学的统计手段，搜集数据，整理信息，进而通过综合归纳，以推知或是直接获取定量、定性信息的调研方法。

　　根据所需信息的来源和精确程度，统计综合法又分为三种具体形式：一是典型统计，即有意识地选择一个或几个具有代表性的调研对象，深入进行调研，以取得具有普遍意义的信息；二是抽样统计，即在调研对象总体之中，随机均等地抽取适量的样本进行调研，以推知总体的定量或定性信息；三是普查统计，即对全局所有的调研对象进行毫无遗漏的普遍统计调研，以取得全面、系统的信息。这三种形式，可以交叉进行使用。

　　公务员在调研实践中，对上述两大类型的六种调研法可根据具体情况加以采用。在许多情况下，可以同时并用两种或两种以上的调研法。

政务礼仪 zhengwuliyi

二、慰　问

慰问活动是政府机关组织有关人员进行安抚问候的活动，是一种常见的公务礼仪形式。一般是对地区遭受灾害、个人遭遇不幸或困难进行劝慰，或者是对工作在第一线的群体付出辛劳进行问候。开展慰问活动，可以履行道义责任，给人以鼓励、同情、理解和支持，体现扶危帮困的精神。公务员参与组织慰问活动时，一定要熟悉慰问的类型、方式及基本礼仪。

（一）慰问的类型

慰问活动属于一种公务活动的形式，执行慰问活动的公务员必须对其活动类型和方式有所认识和了解。

◆ 慰问活动的类型

慰问活动的类型很多。有对个人的，也有对国家、地区、单位的；有礼节性的，也有实质性的。从慰问的因由上看，主要有以下几种类型：

第七章 调研、慰问与信访中的礼仪

慰问活动的类型

△ 伤病慰问
△ 灾情慰问
△ 节日慰问
△ 犒劳慰问
△ 个别慰问

➪ **伤病慰问**

在国际交往中,一国元首或政府首脑患病或负伤,其他友好国家领导人要发电慰问,并令驻外使节前往探视。对有关领导、单位员工、同事伤病,也要组织慰问活动。

➪ **灾情慰问**

对遭受重大自然灾害,或发生重大伤亡事故,国家之间常常要发电慰问,或驻当事国使节代表本国政府和人民表示慰问,还视灾情和两国关系捐赠资金和救灾物资。地区、单位发生灾情或重大事故,可以派人前往当地进行慰问活动。有条件的可发动民众捐赠物资,或由地区政府、单位捐赠资金及救灾物资。

➪ **节日慰问**

每逢重大传统节日,对坚守前线阵地、工作岗位的人员进行慰问。如"八一"建军节前后慰问驻地部队;春节慰问不能离开岗位的员工等。

➪ **犒劳慰问**

对参与一些重大建设项目、重大活动的人员,有关领导到现场进行慰问,对他们付出的辛劳表示问候。如慰问参加文艺汇演排练的演出人员、建设工地的建设者等。

➪ **个别慰问**

对有关领导、单位员工发生不幸、遭遇困难表示抚慰。如亲人患病、逝世,家庭发生灾难,单位组织适当的慰问活动,表示安抚、同情和给予必要的帮助。

◆ **慰问活动的方式**

慰问活动的方式要考虑慰问的对象、慰问的目的;选择恰当的方式,才符合

政务礼仪 *zhengwuliyi*

礼仪规范。常见的慰问方式有：

慰问活动的方式
△ 探视慰问
△ 电话慰问
△ 书面慰问
△ 礼品慰问

⇨ **探视慰问**

登门探访慰问对象，或亲临现场进行慰问活动，通过探视、会见、交谈和现场察看，对慰问对象进行慰问、安抚和问候。这是一种隆重、严肃的正式慰问活动，也是使用最多的一种方式。

⇨ **电话慰问**

通过电话进行慰问，这是一种快捷、直接的慰问形式。这种方式既可以是异地慰问，也适用于本埠慰问。电话慰问要态度诚恳，措词恰当，语气得体，尽量简洁，把慰问的情意表达完了就结束，不要东拉西扯，海阔天空。

⇨ **书面慰问**

包括书信、函件、电报和电子邮件等形式的慰问。这种形式一般适用于慰问双方身处异地、异国。书面慰问要精心起草慰问函件，既要饱含感情，言词恳切，具体明了，又要符合写作规范。书面慰问虽然没有探视慰问、电话慰问直接，但也可以表达一些难以言表的内容，可以把劝慰内容说得更全面、更具体一些。

⇨ **礼品慰问**

就是向慰问对象赠送慰问品、慰问金，这是较有效的一种慰问方式。国家、地区间的慰问，通常通过一定的方式筹集或有专门机构赠送慰问物品和慰问金。慰问个人的物品，要根据慰问原因和对象选择，尽量做到别出心裁，富有新意。通常赠送鲜花、水果、营养品等，书籍、光盘、录音带也是极好的慰问品。

慰问形式的选择，有时单用一种方式，有时可以同时使用两种方式，以强化慰问效果。

第七章 调研、慰问与信访中的礼仪

（二）慰问的对象

慰问所要达到的基本目的应是对慰问对象的关怀。政务机关和公务员进行慰问，不管具体采取何种类型、何种形式，都要把全部的注意力集中在慰问对象身上。整个慰问活动，都要紧紧地围绕着慰问对象来进行，并且应当重点体现和突出慰问者对慰问对象的深切关怀。这是慰问礼仪的根本着眼点。

在进行各种形式的慰问时，公务员要想使慰问对象感受到慰问者对对方的关怀之意，有必要注意以下四点：

慰问的四点要求
△真心地表现出同情
△给予力所能及的帮助
△具备足够的耐心
△努力使慰问对象宽心

◆ 真心地表现出同情

在慰问时，最重要的是要以适当的方法对慰问对象表现出体谅与同情。要体谅对方，就是要细心忖度对方的心情与处境，并且善解人意地给予谅解。要同情对方，就是要对对方的遭遇在感情上发生共鸣，并且给予对方以力所能及的支持。无论在任何情况之下，对慰问对象表现出真心的体谅与同情，都是对于对方最大的关怀，最好的慰问。

应当指出，慰问应当是积极的，而不应是消极的；同情应当重在鼓励，而不应让对方感到灰心丧气。对不幸者、挫折者、失败者而言，摆脱其苦恼的捷径，是要设法让对方看到光明的前程，而恰当的鼓励正好能做到这一点，因此说，最好的同情是鼓励，鼓励是最高档次的最佳安慰。

◆ 给予力所能及的帮助

若有必要，并且有可能，那么还应当给予慰问对象以力所能及的帮助。大家平时常说，同志之间应当同甘苦，共患难。公务员对慰问对象给予必要的帮助，就是与之荣辱与共，为其分忧的一个具体表现。

俗话说："危难时节见真情。"假如公务员能够帮助遭受创伤的慰问对象做一些事情，比如说，帮助对方处理公务、料理家务、赠送生活必需品等，不但能为对方解决实际困难，而且还有助于使对方感受到自己的真情。

◆ 努力使慰问对象宽心

慰问对象，往往都是苦恼、忧愁之人。他们大都需要有人对其进行开导或为之排解。通过开导与排解，使其心情安静、舒适，这就是安慰。安慰的目的，在于让慰问对象宽心、舒心、开心、放心。在进行慰问时，是不能够忽略这一点的。既然是关怀慰问对象，就必须尽一切可能让对方感到宽心。

要让对方宽心，少不了要摆事实，讲道理。应当针对对方的心理特点来动之以情、晓之以理，既要有说服力，又要中听。不要采用教训、指责、奚落、埋怨的口吻，让对方产生逆反心理。

特别需要强调的是，在慰问时要达到让慰问对象宽心的目的，就必须只报喜，不报忧。与对方的交谈，应当让其感到愉快和欣慰，决不可涉及刺激对方、触犯其忌讳、增加其忧虑与不安的内容，不要就此打探、深究，或是与对方切磋、交流。

（三）慰问的方式

慰问的实际操作应因人、因事、因时而异。在慰问的具体实践中，非常重要的一点，是应当根据具体的慰问对象的不同，慰问原因的不同，慰问时机的变化，而在具体的方式方法上有所变通，这是公务员在慰问时，坚持慰问礼仪的基本原则，如此才会使慰问更得体、更适度，更容易为慰问对象所接受。

第七章　调研、慰问与信访中的礼仪

慰问的方式

△ 因人而异
△ 因事施礼
△ 掌握时机

◈ **因人而异**

不论以何种形式慰问他人，都需要尽可能地摸清对方的基本情况，了解其主要的困难和实际需要，然后有的放矢，区别对待。

虽然每个慰问对象的具体情况与具体需要千差万别，但大致来讲，根据需要慰问的事由来区分，仍然可以被分为六类。不同类的慰问对象的需要，显然是有所不同的。

▷ **慰问对象是病人**

慰问病人，最重要的是要劝其振作精神，保重身体，相信自己的病症一定能够被治愈。要鼓励对方"既来之，则安之，自己完全不着急"，但是切勿垂询其病情的变化，或与其研讨治疗方案。

▷ **慰问对象是逝者的家属**

慰问逝者的家属，不只是要寄托哀思，更关键的，则是要劝慰其家属节哀，保重自己的身体，让逝者在九泉之下安心。有可能的话，还可以为逝者的家属解决一些实际问题。

▷ **慰问对象是工作受挫者**

慰问工作受挫者，应把着眼点放在对对方的支持、理解与帮助之上。不要轻视对方的工作，或是随意要其放弃，而应当勉励对方"坚持到底，就是胜利"，"成功只垂青于百折不挠之士"。

▷ **慰问对象是生活困难者**

慰问生活困难者，不可高傲无礼，摆出一副同情弱者之态。对他们的关怀，既要有实际行动，又要平易近人，要能为对方所接受，而不要让对方在人格上感受到不平等，好似被人赏赐一般。

政务礼仪 zhengwuliyi

⇨ **慰问对象是遭受灾祸者**

慰问受灾者，要讲究效率，细致入微，首先从生活上为之排忧解难。同时，还可以宽慰对方"风物长宜放眼量"，并且尽可能地协助对方重整旗鼓。

◆ **因事施礼**

因事施礼是指由于慰问的因由不同，而采取不同的慰问方式和方法。慰问原因不同，就要根据不同情况，区别对待，确定不同的慰问方式和重点。

◆ **掌握时机**

慰问礼仪的基本要求还包括因时而异。慰问他人，大到何时行动，小到何时开口，都必须要掌握好一定的时机。只有在适当的时机见机行事，慰问才容易奏效。

例如，假定慰问对象不宜为外界打扰时，是不该前去探访慰问的。而若是慰问对象盛怒之下情绪失去了控制，对对方怎样劝慰，恐怕都无法让其接受。可若是对方平静下来，恢复了理智，情况就大为不同了。

就总体而言，公务员所进行的公务性慰问，贵在及时。因为惟有及时的慰问，才能将党的关怀和政府的温暖尽快地转达给被慰问的对象。要是一拖再拖，在事过境迁之后再去进行慰问，往往会师出无名，毫无任何益处可言。对于这一点，也不可加以忽略。

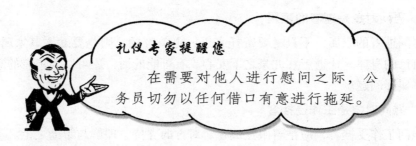

礼仪专家提醒您

在需要对他人进行慰问之际，公务员切勿以任何借口有意进行拖延。

（四）不当的行为

公务员在进行慰问时，要想收到好的效果，就必须把握好慰问的礼仪尺度，注意具体的礼节分寸，慰问之中的不适当做法应予避免。否则就会事与愿违，产生严重的副作用。

第七章 调研、慰问与信访中的礼仪

进行慰问时，必须把握好的最重要的尺度，就是要想方设法，让慰问对象能够接受自己的关怀与照顾，能够感受到自己所给予对方的爱心、善意与温暖。如果做不到这一点，不仅慰问本身劳而无功，而且也是对不起对方的。因为那样的话，在对方最需要关心的时刻，未能使他们如愿以偿。

具体而言，要在进行慰问时把握尺度，在实践中就应当自觉地避免以下八种慰问的不适当做法。

◆ 避免犯忌

在慰问时犯忌，指的是触犯了慰问对象的个人禁忌。在慰问时犯忌，不仅有可能让慰问对象心情不快，或是加重其思想负担，而且在人格上对对方也是极不尊重的。

比如，在慰问危重病人时，应当有意识地讳谈死亡。有意无意涉及这一禁忌，只会自讨没趣。

◆ 避免揭短

人各有短，照理说对此应予以正视。不过对于需要他人抚慰的慰问对象来讲，更为需要的则是发现长处，增强信心，走出低谷。所以在进行慰问时，不应当揭慰问对象的短处，否则只会使之丧失自信，难于自拔，或是触发对方更大的痛苦。

◆ 避免添愁

在慰问时添愁，指的是因为自己的言谈举止不够检点，而使慰问对象平添忧愁，烦恼倍增。假如在慰问时考虑欠妥，纵然关切之意不言而喻，但是依然会让慰问对象难以接受。

◆ 避免哀怜

在慰问他人时，可以适度地对对方表现出同情与爱护，然而过分地可怜对方，为对方惋惜那些既往之事，则未必适当。有的时候，慰问对象需要的是对自己的一切不幸之事应暂时忘却，而并不希望被他人知晓、博览或进行毫无意义的怜悯。

比如，在慰问他人时，若表情过分沉重，甚至热泪滚滚，泣不成声，或者无限度地表示对方"倒霉"、"可怜"，可能只会让对方产生反感。

政务礼仪 zhengwuliyi

◆ 避免怀旧

慰问他人的时候,应当紧紧地掌握好慰问的主导方向,那就是要一心一意地向前看。千万不要在慰问时过分地"怀旧忆苦",动不动就把话题引向不堪回首的往昔,进行回忆对比。

不管是采用探望式慰问、函电式慰问,还是礼品式慰问,都应尽可能不涉及过去,尤其是要避免提及慰问对象过去所经历过的不幸,免得勾起对方的辛酸往事,甚至产生不良的连锁反应。

◆ 避免假设

在慰问时假设,是指慰问者替慰问对象姑且认定"当初要是没有那回事儿有多好",或是为对方抱憾"早知今日,何必当初"。这种"事后诸葛亮"的做法,好似没话找话,对慰问对象不仅徒劳无益,搞不好还有可能使对方过分地责怪自己,甚至因此而想入非非。

在慰问时虚拟假设,因其会让慰问对象懊悔不已,故此应当刻意予以避免。

◆ 避免做假

在慰问时做假,是指在原则性的问题上说假话、开空头支票,欺骗、愚弄慰问对象。

在慰问他人时,对于重要的问题,必须持诚恳而坦率的态度。不好讲的话可以不讲,不好做的事可以不做,但是绝不能因为虚伪做假,而对不起渴望真诚、敏感脆弱的慰问对象。

第七章　调研、慰问与信访中的礼仪

三、信　访

　　信访工作是国家了解社会动态、体察民情的重要途径。做好信访工作，有利于国家行政机关更好地同人民群众保持联系，更好地为人民服务。
　　信访工作礼仪是指处理人民群众来信来访时应当遵守的礼仪规范。人民群众通过写信、电话、访问形式，向各级党政机关、人民团体和企事业单位及其领导人反映意愿，公务员在处理这些来信来访时，需要遵守一定的原则、制度和礼仪。

（一）信访的功能

　　坚持信访礼仪，要求承担这项工作的公务员要对信访工作的重要性有明确的认识，对其主要功能和作用有深刻的了解。对公务员来讲，做好信访工作是非常必要的。要提高国家行政机关的整体工作，提升公务员的整体形象，就必须强化信访工作的多重功能。

政务礼仪 zhengwuliyi

信访的四大功能

△ 信息功能
△ 反馈功能
△ 民主功能
△ 监督功能

◆ 信息功能

信访部门,是国家行政机关的一个综合性信息接收站。信访工作者,则是国家行政机关的一个专职的世风、民情的调研员。其原因在于,人民群众来信来访所提出或反映的各种问题,首先就是一种有助于做好行政工作的重要信息。

人民群众来信来访所提供的信息,具有动向性、倾向性和端倪性之别,但是它们都是对世风、民情的某种反映。惟有对其进行正确的接受和处理,方能使国家行政机关和公务员耳聪目明,了解社会动态,体察民情,更好地同人民群众保持联系,更好地为人民群众服务。

◆ 反馈功能

所谓反馈,是指在实践中对某种认识进行检验之后产生反响,并把这些回传给认识者的过程。国家行政机关的每项方针、政策出台前后,必然要经过反复的实践、认识、再实践、再认识的过程,才能使之趋于完善,更加合理易行。

在人民群众来信来访中,必然会在一定程度上对国家行政机关的各项决策有所反映。这就是其反馈功能。信访工作者一定要对此予以重视,并及时提供给有关部门参考,以便使各项决策更加符合客观实际。

◆ 民主功能

我国宪法规定:中华人民共和国公民对于任何国家机关和国家工作人员,有提出批评和建议的权利;对于任何国家机关和国家工作人员的违法失职行为,有向有关国家机关提出申诉、控告或者检举的权利。对于公民的申诉、控告或者检举,有关国家机关必须查清事实,负责处理。任何人不得压制和打击报复。

第七章　调研、慰问与信访中的礼仪

由此可见，人民群众来信来访，是在依法行使自己的民主权利，依法参与国家管理。对其必须受理，并要做到事事有交待，件件有着落，绝不许敷衍、应付、推诿或积压不办。

◆ **监督功能**

公务员是人民的公仆，人民有权利对公务员进行监督，揭示国家行政机关和国家公务员中存在的不关心群众疾苦、草菅人命、贪污腐败、渎职失察、以权谋私、违法乱纪、严重经济犯罪等问题。人民群众的来信来访，自然也就成为对国家行政机关和公务员实行群众监督的渠道之一。

当前，种种官僚主义表现和不正之风为人民群众所深恶痛绝，使他们自动行动起来，通过信访渠道，对其进行检举揭发。对人民群众关心国家大事、爱护国家行政机关形象的这种主动监督的积极性，应当予以爱护和支持。

毛泽东同志在担任中央人民政府主席期间，曾指出：必须重视人民的通信，要给人民来信予恰当的处理，满足群众的正当要求，要把这件事看成是共产党和人民政府加强与人民联系的一种方法，不要采取掉以轻心、置之不理的官僚主义态度。

今天，毛泽东的指示，仍对做好信访工作、改善政府与大众的关系具有重要的指导意义。政务机关和公务员对此应予以高度重视。

（二）信访的原则

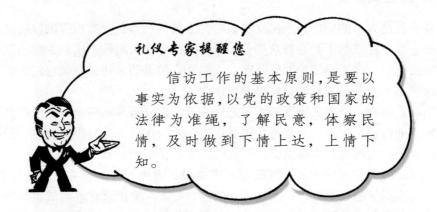

礼仪专家提醒您

信访工作的基本原则,是要以事实为依据,以党的政策和国家的法律为准绳,了解民意,体察民情,及时做到下情上达,上情下知。

以事实为依据,就是要求信访工作者切实弄清事实真相,实事求是。弄清事实的真相,是为之正确定性的基本前提,也是依照法律、政策处理问题的基础。

以党的政策和国家的法律为准绳,就是要求信访工作者自觉成为政策和法律的体现者,在信访工作中坚持原则,不偏不倚,维护党纪国法,敢斗歪风邪气,而不感情用事,不偏袒、不护短、不欺软怕硬。

负责信访工作的公务员必须时刻意识到做好本职工作的极端重要性：对于人民群众而言,它是其发扬民主的一种渠道。自己工作的好坏,直接关系到对方民主权利的发挥。对于上级国家行政机关而言,它又是监测社会动向、观察民意社情的一个窗口。自己的尽职与否,直接影响到国家行政的各项决策,及其"耳聪目明"的程度。

处理信访事务,除了需要遵循信访工作的基本原则外,还应坚持实际工作中一些具体原则,这些原则是党和政府在信访工作实践中形成的。其主要有：

第七章 调研、慰问与信访中的礼仪

信访工作的原则
△ 实事求是
△ 分级负责
△ 就地解决
△ 件件有着落、有结果
△ 不得打击报复信访人

◆ **实事求是**

信访工作要以事实为依据，以法律为准绳。要深入调查，弄清真相，执行党和国家的政策法规。在不违背政策法规的原则下，遇到政策没有规定的、政策不具体的、政策本身有伸缩性的，本着实事求是的原则，可以采取灵活变通的办法处理。

◆ **分级负责**

根据来信、来电、来访的内容，按地区、系统分工负责处理。按照组织系统分级负责，一般中央、省以上的以转办为主，地市的以转办自办结合，县区则多办少转，基层则只办不转。按业务系统归口有关部门处理。

◆ **就地解决**

信访问题大多发生在县以下的基层。要把处理信访事务工作的重点放在基层，解决在基层。避免越级上访、减少上访人的往返奔波。

◆ **件件有着落、有结果**

处理信访事务要有高度的责任感，区分不同情况，及时做出恰当处理。对一切信访问题要登记立档管理，定期检查核档。

◆ **不得打击报复信访人**

任何组织和个人不得打击报复信访人，违反规定的要承担相应的法律责任。

政务礼仪 zhengwuliyi

（三）信访的制度

建立和完善信访工作的制度是信访礼仪的一项重要内容。党和政府历来对信访工作都非常重视。国家行政机关的信访工作已经形成了一整套行之有效的制度，公务员对有关信访工作的制度必须充分了解，严格遵守。

从事信访工作的公务员责任重大，既要做到及时、准确、全面而有见地地保证信息的畅通无阻，又要严格甄别、过滤，不得对上级领导或有关部门谎报信息，进行误导。为此，必须严格遵守信访工作的几项基本制度。

信访的基本制度

△ 登记制度
△ 接待制度
△ 转办制度
△ 催查制度
△ 报告制度
△ 呈阅制度
△ 答复制度
△ 奖惩制度

 登记制度

对一切人民来访来信，都必须实行详细的登记。登记的内容，至少应包括来信来访者的姓名、性别、政治面貌、工作单位、具体职务、家庭住址、联络方式、主要要求以及反映问题的主要内容。在登记时，要礼貌、耐心、认真、负责。文字要简洁，但又不可使重点有所遗漏。必要时，要与对方进行核对，或请其提供必要的书面材料或其他物证。一切信访文书都要统一归档，并且妥为保管。

第七章 调研、慰问与信访中的礼仪

◆ 接待制度

这里所指的是国家行政机关的主要领导者亲自接待来信来访的制度。它的具体含义是：各级国家行政机关不仅要有专门的领导者亲自负责信访工作，而且其他每一名领导同志都要有制度确保其在一定的阶段内批办来信、接待来访的时日和次数，以便使之亲自掌握第一手资料，不脱离群众。

◆ 转办制度

对人民群众来信来访反映的情况、提出的问题，应尽快加以处理、解决。在本单位、本部门以及本人职权范围之内的情况和问题，要勇于负责，不得推委、拖延。应由其他单位、其他部门负责办理的，应按规定和手续，迅速转交其办理，不得擅自为其代劳，不准无故搁置不转、不办。

◆ 催查制度

转交其他单位、其他部门办理的来信来访，应有回报。必要的话，还须指定回报期限。承办人民群众来信来访的单位或部门，应对此自觉加以遵守。对某些重要信访案件，信访部门应按有关规定在一定时间内对承办的单位或部门进行催促，这就是催办。而具体承办的单位或部门则必须加以重视，尽快组织专人负责查处，并限期结案。这就是查办。催办与查办，是催查制度的两个不同却又互相关联的主要侧面。

◆ 报告制度

信访工作应定期进行统计、总结。对信访部门而言，一般每个月要进行一次分析统计，每个季度要进行一次综合研究，每半年或一年要进行一次全面总结。凡有关信访工作的分析统计、综合研究、全面总结以及突发性事件，都要向上级领导机关进行认真而详尽的报告。

◆ 呈阅制度

从信访问题中挑选重要的送领导人批阅。对突出的或带普遍性的问题，用简报、专题报告等形式呈报领导参阅。

◆ 答复制度

对信访事务的处理结果，应当分别情况，给予答复。这是建立信访信誉的主

政务礼仪 zhengwuliyi

要措施。

◆ **奖惩制度**

信访工作要做得好，就必须做到奖优罚劣。各级人民政府应当将信访工作绩效纳入公务员考核体系。对信访工作做得好、人民群众满意的政府机关和部门，应当给予适当的奖励；而对于行政机关超越或者滥用职权，应当作为而不予作为，使用法律、法规错误或者违反法定程序，侵害信访人合法利益，或者拒不执行有权处理的行政机关作出的支持信访请求意见，侵害信访人合法权益，造成严重后果的，对直接负责人的主管人员和其他直接负责人员依法给予行政处分；构成犯罪的，依法追究刑事责任。

对为了国家和人民的利益，提出了创造性建议，敢于向国家行政机关及其工作人员提出正确的意见、批评，勇于同坏人坏事、不正之风进行斗争，不怕吃苦、不怕负责、努力为人民群众办实事或解决实际问题，敢为人民鼓与呼，确属有功的来访者和信访者，要给予表彰和奖励。对于反映问题言过其实、弄虚作假或是蓄意诬告、陷害他人的来信来访者，对压制群众、顶拖不办、徇私舞弊、收受贿赂、泄露机密、打击报复的信访工作者，则必须予以惩处，直至依法追究其刑事责任。

（四）信访工作者的职责

根据国家相关规定和政务礼仪规范的要求，从事信访工作的公务员必须认真履行自己的基本职责。

信访工作者的职责

△明确受理的权限范围
△定期研究，及时反映
△协助检查，不断改进和完善

第七章　调研、慰问与信访中的礼仪

◆ 明确受理的权限范围

信访工作的主要职责是受理本地区、本系统的信访并完成上级领导机关交办的有关任务。按照惯例，各地区、各系统都有各自的权限范围，信访部门的工作权限就是要受理本地区、本系统的人民群众来信来访。因此，信访工作者对于本地区、本系统的来信来访应当来者不拒，不准推委，不许随便上交矛盾。对越级上访人员，信访工作者有责任加以劝阻和疏导，但必须依法办事。

对上级领导机关转来、交办的信访问题，信访工作者本着下级服从上级的原则，必须予以受理，而且还要尽快将处理结果汇报给上级领导机关。

◆ 定期研究，及时反映

信访工作的职责还要求公务员定期研究、综合信访工作的问题和情况，及时向上级领导或者有关部门反映，并且提出相应的建议。为了确保信访工作的正常进行，使下情上达，信息畅通，信访部门必须根据具体情况，以一周、一月或一季度为限，定期集中分析、研究、综合人民群众来信、来访之中所反映的情况和提出的问题，及时无误地向上级领导或有关部门进行反映。

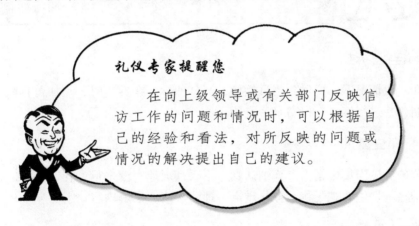

礼仪专家提醒您

在向上级领导或有关部门反映信访工作的问题和情况时，可以根据自己的经验和看法，对所反映的问题或情况的解决提出自己的建议。

◆ 协助检查，不断改进和完善

协助上级领导机关检查、改进、完善本地区、本系统的信访工作也是信访工作者的重要职责。信访工作者的一项重要职责，就要积极贯彻、落实、执行上级机关对信访的指示，并且协助上级领导机关检查、改进、完善本地区、本系统的信访工作。不论是否为专职的信访工作者，国家公务员都有义务支持、配合、协

助各级信访部门及其工作人员的具体工作。

（五）群众来信的处理

对于人民群众的来信，必须及时查阅，及时处理，尽快答复。处理人民群众的来信，通常称为办信。公务员在办信时，必须依照以下规定的程序逐步进行。

群众来信的处理
△ 当日拆封
△ 抓住重点
△ 认真登记
△ 及时报转
△ 明确答复
△ 整理归档

◆ **当日拆封**

在一般情况下，应做到当日接信，当日即拆。在拆信时，须加盖日戳，或注明日期，并进行编号，以备日后查阅。

◆ **抓住重点**

公务员应当集中精力、详细认真、不厌其烦地阅读来信。在阅信时，特别要切记排除一切主客观干扰，抓住重点，理清头绪，了解内容。

◆ **认真登记**

办信之时，要依照登记制度对所办来信进行登记。对来信登记的内容，可参照有关规定并根据来信的具体情况而定。

◆ **及时报转**

报，是指请领导阅批。要力争报得准，不滥报，不漏报。转，是指将来信转

第七章　调研、慰问与信访中的礼仪

给有关单位或部门处理。对揭发、控告信,未经批准,一律不得转交被控告的对象,而应将其转交被控告对象上级机关的主要负责人。

◆ 明确答复

应根据有关规定,在一定时间内给予来信者以明确的答复。若长期悬而不决,不予答复,是不符合规定的。若来信业已报转,亦须将此告知来信者。

◆ 整理归档

对所有经办的人民群众来信,在结案后都要整理归档,以备查考。要注意为来信者保密,不得任意公开来信的内容或来信者姓名。

（六）群众来访的接待

公务员在对来访者的接待工作中,一定要礼貌周全,平易近人,亲切热情,符合政务礼仪的规范要求。

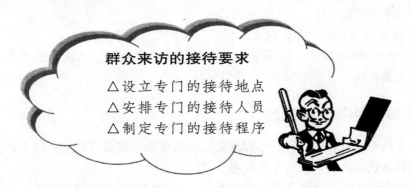

群众来访的接待要求
△设立专门的接待地点
△安排专门的接待人员
△制定专门的接待程序

◆ 设立专门的接待地点

通常,各级国家行政机关在力所能及的条件下,都设置有专门的信访接待室,并且将其名称与作息时间制成醒目的标识悬挂于门口。在机关大门的入口处附近,也应悬挂同一内容的指示牌,以方便来访者。

在信访接待室里,要张贴来访者注意事项,在客观上形成一种严肃、认真的氛围。与此同时,务必要使室内环境整洁、卫生,房间与摆设不宜过于残破,以

防来访者产生不被重视之感。

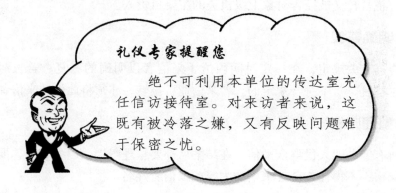

礼仪专家提醒您

绝不可利用本单位的传达室充任信访接待室。对来访者来说，这既有被冷落之嫌，又有反映问题难于保密之忧。

◆ 安排专门的接待人员

为来访者安排专人负责接待的方针是：

→ 属于具体部门的业务问题，应由有关业务部门的接待人员负责处理。

→ 属于集中在特定时期内的专门业务问题，应由各专门的业务部门指派专人定期负责处理。

→ 属于综合性的问题，应由信访部门工作人员负责处理。

→ 对于集体来访者，则一般应由负责同志出面处理，或由有关业务部门指派专人负责处理。

◆ 制定专门的接待程序

公务员对来访者的接待，一般都是以单独交谈为主要方式的。与来访者的交谈，既要认真、负责，又要不失礼貌。

来访者到来后，接待人员应面含微笑，起身相迎，与之握手为礼，并热情问候。随后，应请对方首先就座。在称呼对方时，应称之为"同志"，或采用其他尊称，但不得指名道姓。

第 8 章

迎送的礼仪

迎来送往是常见的礼仪性公务活动。在各级国家行政机关的日常工作中，迎来送往工作既平常琐碎，又严谨重要。它涉及面甚广，普遍受到了各级政府、各个部门的广泛重视。稍不注意，就会破坏接待方的形象，甚至会影响双方的友好往来。所以，接待工作的好坏优劣，直接影响到政府机关公务活动的开展。

要真正做好迎送工作，除了要具有高度的责任心外，还需要在迎送过程中一切按照迎送礼仪的具体规范来做。因此，掌握迎送工作的礼仪规范，是国家公务员执行政务礼仪的基本要求，也是履行公共事务的必备技能。

本章要点

您应该记住的 **5** 个基本点

☐ 迎宾礼仪是最能体现政务机关礼仪水准的活动,也是最能检验公务员礼仪工作是否到位、文明素质是否优秀的基本形式。

☐ 迎宾活动的基本内容是:熟悉自己的工作职责,提前安排客人食宿,确定迎送规格,安置客人休息,接受客人访问。

☐ 迎宾活动现场操作的礼仪要求是:确定迎宾时间,选择迎宾地点,确认来宾身份,向来宾施礼、致意,引导来宾前往目的地。

☐ 送别礼仪是整个接待礼仪中最后要求的内容。只有做好送别工作,才能使整个接待活动的礼仪做到善始善终。

☐ 遵循送别礼仪,做好送别工作,必须事前确定好送别规格、安排好交通工具,准备好交换的纪念品,适时地为宾客送行。

第八章 迎送的礼仪

一、迎 宾

在公务活动中，有着大量的迎来送往的接待工作，迎宾便是其中的一个重要环节。在接待工作中，迎宾不仅必不可少，而且通常还处于一种举足轻重的特殊位置。它是整个接待宾客过程的开始，最能体现政务机关的礼仪水准，也最能显现公务员的素质。因此，公务员一定要高度重视迎宾工作，认真学习和掌握迎宾接待工作的礼仪规范。

（一）迎宾活动的内容

迎宾是最能体现政务机关的礼仪水准的活动，也是最能检验公务员礼仪工作是否到位、文明素质是否优秀的基本形式。作为公务员一定要高度重视迎宾接待工作，了解和掌握自己应在迎宾接待中所担负的责任、所执行的礼仪。

迎宾的基本内容
△ 熟悉工作职责
△ 提前安排食宿
△ 制定接待规格
△ 安置宾客休息
△ 接受宾客访问

政务礼仪 zhengwuliyi

◆ **熟悉工作职责**

作为一名合格的工作人员，首要的一点是热爱本职工作，尤其在公务活动中经常担负迎送工作的文秘人员，更应熟悉职责、精通业务。在愉快接受上级指派的迎送任务时，要详细问明有关情况，来访对象、来访人数、男女比例、职务级别、接待规格、到达日期、离开日期等。

◆ **提前安排食宿**

要在客人尚未抵达前就安排好食宿。根据客人的民族、习俗、身份及要求，本着交通便利、就近安排、吃住方便的原则来制定具体安排计划，并注意住宿布置是否整洁美观，通讯、卫生设施是否能正常使用，宣传、介绍材料是否备齐、送到，茶叶、报纸等细节问题也不可疏忽。

◆ **制定接待规格**

事先要根据来宾的身份、地位、规格及本单位的具体情况制定接待规格。一般例行性来宾，只须安排好接见会面时间、地点及交换的资料等；首次来访的宾客或召集应邀来访的宾客，还得安排有专人或专门的交通工具前去机场、车站、码头迎接，有时为了迎接素不相识者，最好还要高举"迎接××先生"或"××会议接待处"等醒目的牌子以示欢迎；如果是级别、规格较高的来宾，要陪同本单位高层领导或委托上级主管领导前往迎接来宾。

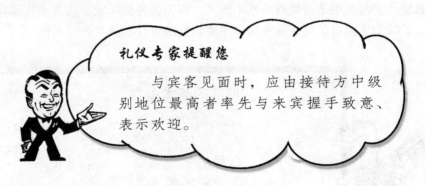

礼仪专家提醒您

与宾客见面时，应由接待方中级别地位最高者率先与来宾握手致意、表示欢迎。

◆ **安置宾客休息**

客人抵达后，不论来访目的怎样，通常应先安置客人休息，如果是近路来客，可在单位会议室或接待室稍作休息，接待方应提供茶水、饮料等；如果是远

第八章 迎送的礼仪

道而来的客人，更要考虑到旅途劳累，安置客人住宿后再商议活动日程。接待人员在向宾客告别时，应留下自己的名片或通讯电话以备客人随时联系。然后，按照对等礼仪，于当天或次日安排身份相当的领导前往客人下榻处看望来宾，以便相互熟悉。

◈ 接受宾客访问

任何来访都是有目的的，作为被访问单位应充分掌握来访者的目的、意图，及时为宾客提供有关资料和访问内容，制定访问路线和访问日程，有时还要安排专人陪同。但有一点特别要引起重视：注意保密，来的虽然都是客，但各类政治情报、军事情报、商业情报都不可随意泄密。

（二）迎宾人员的挑选

挑选迎宾人员的要求
△ 限制迎宾数量
△ 身份大致相仿
△ 职责划分明确

遇有一些重要的贵宾到访时，负责接待工作的政务部门一定要精心选择迎接来宾的人员。迎宾活动，说到底，最重要的，是要由东道主方面派出专人，前去迎候来访者，以示给予对方一定的礼遇。显然，倘若离开了迎宾人员，就无所谓迎宾活动了。由此可见，要做好迎宾工作，就要善于选员择将。

从总体上来说，选择迎宾人员时，尤其需要注意以下三点：

◈ 限制迎宾数量

在一般情况下，迎宾人员在总数上要以少为佳。重要的是要派出精兵强将上阵，而大可不必排出强大的阵容，大搞"人海战术"。

政务礼仪 zhengwuliyi

◆ **身份大致相仿**

在较为正式的迎宾活动中，特别是在正规的迎宾仪式上，迎宾人员，尤其是其中扮演主要角色的迎宾人员，应在身份上、职位上与来宾特别是主宾大体相似，或是在部门上对口。在迎候贵宾，尤其是正式前来本地进行访问的外国贵宾时，更是要注意这一点。遇有重要来宾到访，东道主方面与之身份相仿者因故不能参加迎宾活动时，应委托专人代表本人前往。此后，还应在适当之时前去拜会对方，或打电话表示问候。

◆ **职责划分明确**

要做好迎宾工作，就应将各项具体工作划分清楚，并且落实到人。通常，参与迎宾活动的人员，主要是由负责人员、对口人员、礼宾人员、陪同人员等几种人所构成。负责人员，指的是领导者；对口人员，指的是与来宾对口单位、对口部门的人员；礼宾人员，指的是专门从事接待、典礼、司仪之人；陪同人员，则指在接待来宾的整个过程中负责陪伴、照顾对方者。他们的任务不尽相同，只有划分明确了，才能真正做到各尽其职。

（三）迎宾活动的操作

在具体操作迎宾工作中，有以下五个方面的问题值得注意：

迎宾活动的操作要求

△ 确定迎宾时间
△ 选择迎宾地点
△ 确认来宾身份
△ 向来宾施礼致意
△ 引导陪同来宾

第八章　迎送的礼仪

◆ 确定迎宾时间

迎宾的时间，要预先由双方约定清楚。为确保迎宾活动不受影响，迎宾人员务必提前一刻钟左右到达迎宾地点，以恭候客人们的到来。

◆ 选择迎宾地点

一般情况下，国家行政机关用于迎宾的地点，可以选择交通工具停靠站、来宾临时下榻处或东道主用于迎宾的常规场所。

◆ 确认来宾身份

在交通工具停靠站迎接素不相识的来宾时，务必确认来宾的身份，以防张冠李戴，使宾主双方失之交臂。确认来宾的身份，可以使用接站牌、欢迎横幅或身份胸卡等几种方式。

◆ 向来宾施礼致意

在迎宾之时，要向来宾施礼、致意，主动与来宾热情握手、略作寒暄，譬如见面时可以说"欢迎，欢迎"、"路上辛苦了"、"欢迎光临"等。

◆ 引导陪同来宾

迎宾人员在接待来宾时，要为之亲自带路，或是陪同对方一道前往目的地。引导来宾时，引导者除了与来宾进行正常的交谈之外，往往还会就某些必要的情况进行介绍或提醒，如"各位请"、"各位请往这边走"、"请各位留神"、"我们现在前去×××地"等。

政务礼仪 zhengwuliyi

（四）迎宾活动的程序

迎宾活动的程序
△ 迎候来宾
△ 向贵宾献花
△ 介绍主人与来宾
△ 依照次序致辞
△ 安排群众欢迎
△ 人员陪同乘车
△ 安排来宾下榻

遇有重大迎宾活动，如重要客人的到访、高级外宾的到来，乃至国宾访问等，其礼仪要求自然要高于一般性的宾客接待。其中的礼仪程序，是公务员必须掌握的基本常识。

◆ 迎候来宾

所有迎宾人员和欢迎队伍应提前到车站、码头、机场，迎候客人。

◆ 向贵宾献花

客人走下车、船、飞机时，主要迎接人员走上前去欢迎、握手问候，这时有乐队的应当奏欢迎曲，对高级贵宾要安排献花。献花适用于礼遇较高的客人，迎接普通客人，一般不需献花。献花须用鲜花或由鲜花扎成的花束，花束要整洁、鲜艳，忌用菊花、杜鹃花、石竹花和黄颜色花朵。向贵宾献花，通常由儿童或女青年在参加迎送的主要领导人与客人握手之后，将花献上，并向来宾行礼。有的国家由女主人向女宾献花。

第八章 迎送的礼仪

◈ 介绍主人与来宾

由礼宾工作人员将主人介绍给来宾，再由主人向来宾一一介绍前来欢迎的人员。通常先将主人介绍给来宾，职位从高至低，可由礼宾交际工作人员、迎接人员中职位最高者介绍。有时也可作自我介绍。

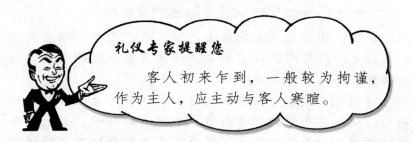

礼仪专家提醒您

客人初来乍到，一般较为拘谨，作为主人，应主动与客人寒暄。

主人介绍后，由客人向主人一一介绍随同前来的其他客人。介绍后稍事寒暄。

◈ 依照次序致辞

主人先致欢迎词，客人致答谢词。也可以不作讲话，散发书面讲话稿。

◈ 安排群众欢迎

群众手持国旗、彩带欢呼欢迎口号，更隆重的可安排载歌载舞的队伍欢迎。

◈ 人员陪同乘车

迎送车辆都应事先安排好，不可临阵调遣，给人以仓促之感。客人抵达或迎送仪式结束后，从抵达地到住处，以及访问结束后，由住地前往机场、车站、码头，一般都应安排迎送人员陪同乘车。陪车时，应请宾客坐在主人右侧。上车时，客人要从右侧门上车，主人从左侧门上车。如果客人已先上车并坐在了主人位置上，则不宜再请客人挪换座位。通常是客人坐后排右侧，主人坐后排左侧。译员坐前排司机旁边。

◈ 安排来宾下榻

到达目的地后，迅速安排客人到房间下榻，稍事寒暄即可告辞。

二、送　别

送别，指的是在来宾离去之际，出于礼貌，陪着对方一同行走一段路程，或者特意前往来宾启程返还之处，与之告别，并看着对方离去。

送别礼仪是整个接待中最后一个环节。送别活动进行得好，就为整个接待工作画出一个完美的句号，会使整个接待活动善始善终地完成。因此，有关人员切不可对送别来宾马虎大意。

（一）送别的程序

依依惜别意，浓浓相送情。只有掌握送别礼仪，才能真正做到善始善终，给人留下美好印象。送别工作的程序如下：

送别的程序
△ 确定送别规格
△ 安排交通工具
△ 赠送或交换纪念品
△ 为宾客送行

第八章　迎送的礼仪

◆ 确定送别规格

送别规格，根据有关规定不尽相同。在确定送别规格时，主要是依据来访者的身份、访问的性质和目的，并且适当考虑往来之间的关系，同时还要注意遵循惯例，综合平衡。一般按照国际礼宾惯例的"对等原则"，主要迎送人员应与来宾的身份相当。如果由于各种原因而不可能完全对等时，可灵活变通，由职位相当的人士或副职出面，并向对方作出解释。

上级机关的来宾离去，应由主要领导出面送别。送别的隆重程度也因规格而定。

隆重的送别活动，应当建立工作小组，包括：宣传布置、礼仪队伍、食宿安排、交通工具、安全保卫等。同时落实送别所需的各种物资用品准备。

◆ 安排交通工具

了解来访宾客的离程时间以后，要及早预订机票、车票或船票，安排送行人员和车辆。

◆ 赠送或交换纪念品

迎来送往过程中，往往需要在适当的时候向对方赠送礼品以沟通感情，作为接待方一般选择客人即将动身离别前赠送纪念品。赠送纪念品要价廉物美，过于贵重的礼品一有行贿的嫌疑，二会使受礼者心中不安，俗话说"无功不受禄"，一般选择当地特产作礼品为佳，但要慎重选择、区分对象，以免引起对方误解。

◆ 为宾客送行

根据车次、航班的时间，及时与负责行李的部门、人员约定提取行李的时间，并通报客人递交行李的时间，到达机场、车站后要安排好客人等候休息，办理好有关手续后要将有关票证、证件等一齐交给客人。规格较高的来宾，还要在机场或车站举行送行仪式，致简短欢送词。

（二）道　别

道别，指的是与交往对象分手。在通常情况下，与他人道别之际，往往需要打个招呼，或者讲上一两句话。在来宾离去的时候，宾主双方都要相互道别。

政务礼仪

公务员所遇到的最多的送别,是与登门拜访之人的道别,从礼仪规范方面来讲,应注意以下三个方面：

道别的注意事项
△ 道别的提出
△ 道别的用语
△ 道别的表现

◆ **道别的提出**

道别的提出,即由何人首先提出道别。按照常规,道别应当由来宾率先提出来。若主人首先提出道别,会给人以逐客的感觉。

◆ **道别的用语**

在道别时,来宾往往会说:"就此告辞"、"后会有期"。主人一般会讲:"一路顺风"、"旅途平安"。宾主双方还会互道"再见"、"多多保重"等,并委托对方代问其他人安好。

◆ **道别的表现**

在道别时,主人应当加以挽留。在来宾告辞时,主人应在对方站起来之后起身,而不宜抢先起身。在宾主双方握手作别时,应为来宾首先伸手,主人随后伸手。在来宾离去时,主人都要相送一程。

（三）话　别

话别,亦称临行话别。它所指的是在远道而来的客人离去之前,主人专程前去探望对方,并且与对方聚谈一番,以不胜依依。在政务的接待工作中,尤其是在规格较高的政务接待工作之中,话别通常都是不可不做的一项重要工作。

接待方与来访者话别时,需要注意的问题大致有下列四个方面：

第八章 迎送的礼仪

话别的注意事项

△ 话别的时间
△ 话别的地点
△ 话别的人员
△ 话别的内容

◆ **话别的时间**

与来宾话别的时间，一要讲究主随客便，二要注意预先相告。在这两条里，哪一条都不能被忽略。在正常情况下，来宾临行的前一天，来宾离开下榻之处前夕，都是可供选择的话别时间。在确定话别时间时，不要因此而打乱对方的安排，影响对方的休息，或者有碍对方的行程。

◆ **话别的地点**

与来宾话别，应选择适当的地点。最佳的话别地点，是来宾的临时下榻之处。除此之外，在接待方的会客室、贵宾室里，或是在为来宾饯行而专门举行的宴会上，亦可与来宾话别。

◆ **话别的人员**

参加话别的主要人员，应为宾主双方身份、职位大致相似者，对口部门的工作人员、接待人员等。按惯例，在贵宾离去之前，东道主一方的主要负责人或者其代表，应专程前去与对方话别。

◆ **话别的内容**

在一般情况下，话别的主要内容有：一是表达惜别之意，二是听取来宾的意见或建议，三是了解来宾有无需要帮忙代劳之事，四是向来宾赠送纪念性礼品。

（四）饯别

饯别，又称饯行。它指的是在来宾离别之前，东道主一方专门为对方举行一次宴会，以便郑重其事地为对方送别。为饯别而举行的专门宴会，通常称做饯别宴会。

在日常性的迎来送往活动中，饯行是送别的一种惯用形式。在来宾离别之前，专门为对方举行一次饯别宴会，不仅在形式上显得热烈和隆重，而且往往还会使对方产生备受重视之感，进而加深宾主之间的相互了解。

不过，对于各级国家行政机关来说，接待工作是有一定的特殊性的。其重要之点在于：既要提高办事效率，更要注重节约开支。因此，在这一前提之下，各级国家行政机关在正式的接待工作中，大都不宜为来宾安排专门的饯别宴会。

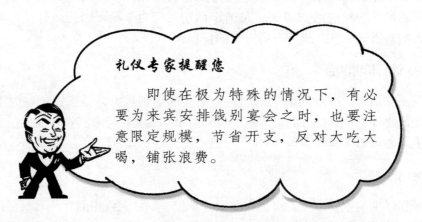

礼仪专家提醒您

即使在极为特殊的情况下，有必要为来宾安排饯别宴会之时，也要注意限定规模，节省开支，反对大吃大喝，铺张浪费。

总而言之，在各级国家行政机关的接待工作之中，通常不宜在送别之时为来宾安排专门的饯别宴会。万一有必要加以安排的话，也务必在人、财、物等方面加以控制。

第 9 章

国旗、国徽、国歌礼仪

国旗、国徽、国歌,是一个国家的标志和象征,是由国家法律所规定的。维护国旗、国徽、国歌的尊严,是每一个公民的神圣义务和职责。公务员代表国家和政府行使权力,他们更应模范地维护国旗、国徽、国歌的尊严。为此,公务员在履行公务过程中,必须明确国旗、国徽、国歌的礼仪要求,在任何时间和任何场合,都必须能够做到正确地使用国旗、国徽、国歌,并同错误地使用国旗、国徽、国歌的行为作斗争。特别是在国际交往中,要坚定不移地遵循国旗、国徽、国歌礼仪,以维护国家的尊严和政府的良好形象。

本章要点

您应该记住的 4 个基本点

☐ 由国家法律所规定的国旗、国徽与国歌，是一个国家的标志与象征。任何一名公务员，在任何场合和任何情况下，都必须维护国旗、国徽与国歌的尊严。

☐ 国旗是具有一定规格与形式、得到国际上普遍承认的一个国家的标志性旗帜，每一名公务员，都应当以自己的实际行动尊重和爱护本国国旗，都非常有必要遵循有关国旗的基本礼仪和习惯做法。

☐ 与国旗一样，国徽也是每一个主权国家的象征与标志，公务员必须尊重国徽，维护国徽的尊严，认真学习并遵守有关国徽的礼仪规范要求。在外事活动和国际交往中，对外国国徽也要表示同样的尊重。

☐ 作为国家标志与象征之一的国歌，在正式礼仪活动中，有着神圣的崇高的地位。每一位公务员都应当在日常工作和生活中，特别是在国际交往中，以身作则，遵守国歌礼仪，维护国歌的尊严。

第九章 国旗、国徽、国歌礼仪

一、国　旗

国旗是具有一定规格与形式的、得到国际上普遍承认的一个国家的标志性旗帜。为了维护国旗的崇高地位，各国政府对使用本国国旗与外国国旗都有一些通行作法，并且逐渐形成了一些惯例，这就是国旗礼仪。为维护国旗的严肃性，每一名公务员均应对国旗礼仪认真地了解并加以遵守。

（一）代表国家

在世界上，任何一个主权国家，都会通过立法的形式，在自己本国的宪法或法律上，规定自身的象征和标志。例如，国旗、国徽、国花、国树，等等。通过它们，能够唤起本国国民的爱国主义热情，培养全体人民对待祖国的责任感与荣誉感，增强国家与民众之间的相互联系。

什么是国旗？

国旗，是由国家法律正式规定的、代表国家的旗帜。是国家的象征与标志之一。

政务礼仪 zhengwuliyi

◆ 中国的国旗

为了维护国家的尊严,加强我国公民的国家意识,发扬爱国主义精神,根据我国宪法的有关规定,我国于1990年6月28日制定了《中华人民共和国国旗法》,并于当年10月1日起开始施行。

我国国旗法明确规定:"中华人民共和国的国旗是五星红旗","国旗由省、自治区、直辖市的人民政府指定的企业制作",其他任何企业与个人均不得擅自制作我国国旗。

根据权威的解释:在五星红旗上,旗面的红色,象征着革命;旗上的五颗五角星及其相互关系,则象征着中国共产党领导下的革命人民大团结;五角星所以使用黄色,是为了在红底上显出光明,而且黄色比白色更为明亮、美丽;而四颗小五角星各有一个角正对着居于其中央的大五角星的中心点,则既是为了在形式上要显得美观紧凑,也是为了表示围绕着一个中心而团结一致。

既然我国国旗是中华人民共和国的象征与标志,既然我国法律明确规定每个公民和组织,都应尊重和爱护国旗,那么每一名公务员,都非常有必要掌握基本的国旗礼仪。

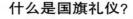

什么是国旗礼仪?

所谓国旗礼仪,就是对国旗表示敬意和使用国旗时应遵守的习惯做法。

目前,我国国旗有五种规格:

第一种规格:长288厘米　宽192厘米

第二种规格:长240厘米　宽160厘米

第三种规格:长192厘米　宽128厘米

第四种规格:长144厘米　宽96厘米

第五种规格:长96厘米　宽64厘米

无论哪一种规格的国旗,长与宽都须严格遵照3:2的比例。

第九章 国旗、国徽、国歌礼仪

◆ **外国的国旗**

世界各国的国旗,在色彩、图案、文字、形状、尺寸及比例方面,都有着严格的规定,对此不加重视而肆意妄为,是外交上的严重失礼行为。

各国国旗的色彩有多种多样,它们各自还有一定的含义。如红色象征着为国家独立而斗争,绿色象征着吉祥与胜利,蓝色象征海洋和天空。红、绿、蓝三色,在各国国旗中出现最为频繁。像利比亚的国旗,就是全绿色的。有的国旗则具有多种色彩,其中以三色旗最为常见。

在各国国旗上,常有一定的图案。例如,阿拉伯国家的国旗上多有星星与月亮,日本国旗上有一轮红日,中、朝、越等国家的国旗上都有五角星,英国与英联邦各国的国旗上都有"米"字图形,等等。它们均有一定的寓意,不得随意乱作解释。

在有些国家的国旗上,还有一些文字。比如,在沙特阿拉伯的国旗上,就用阿拉伯文写着伊斯兰教的"清真言":"万物非主,惟有真主。穆罕默德,真主使者。"

世界各国的国旗,一般多为长方形。也有个别国家的国旗,在形状上有其特殊之处。如尼泊尔的国旗,就是两个上下相叠的三角旗。

对于国旗的尺寸、国旗本身以及图案与色彩的比例,各国往往也有所规定。比如,我国国旗的长与宽之比,就被规定为3∶2;而荷兰的国旗,则是由三个不同色彩的平行相等的长方形所组成。

有的国家的国旗极为相似:例如,法国与荷兰的国旗都是红、白、蓝三色旗,比利时与德国的国旗都是黑、黄、红三色旗,意大利与匈牙利的国旗都是红、白、绿三色旗,但是它们排列的方法却不一样。法、比、意三国的三色旗是垂直竖排的,而荷、德、匈三国的三色旗则是平行横排的。因此在悬挂外国国旗时,是万万不可马虎大意的。

(二) 尊重国旗

在日常生活里,每一名代表国家执行公务的公务员,都应当以本人的实际行动尊重和爱护本国国旗。

政务礼仪 zhengwuliyi

◆ 尊重本国国旗

国旗及其图案至高无上，对其不得随心所欲地升挂、使用，不得将其用作商标、广告，不得将其用于私人丧葬活动或喜庆活动。

礼仪警示牌：在公共场合，故意以焚毁、毁损、涂画、玷污、践踏等方式侮辱我国国旗，均属违法行为，理当依法追究其刑事责任。

凡破残、污损、褪色或者不符合正式规格的国旗，以及变形、变色、图案错误的国旗，一律不得升挂、使用。

◆ 爱护本国国旗

依据惯例，悬挂国旗通常应以国旗正面面向观众，不准随便将其交叉悬挂、竖挂或反挂，更不得倒挂。有必要竖挂国旗或使用其反面时，须按照国家有关规定办理。

在室外升挂国旗时，国旗通常不宜触及地面，尤其是不得被直接弃置在地上。遇到恶劣天气时，可不必升挂国旗。遇有需要夜间在室外悬挂国旗时，必须将其置于灯光照射之下。

（三）升降的要求

国旗的图案是国家法律规定的，不能随便地制作，比例和图案不能够有违规范。

升挂我国国旗，我国法律上已做了详尽而明确的规定，公务员对此必须认真执行。

第九章 国旗、国徽、国歌礼仪

升降国旗的要求
△升挂国旗的场所
△升挂国旗的日期
△升挂国旗的程序
△升降国旗的礼仪

◆ 升挂国旗的场所

按照规定，在下列场所或机构所在地，应当每日升挂我国国旗：一是北京的天安门广场和新华门；二是全国人民代表大会常务委员会、国务院、中央军事委员会、中国人民政治协商会议全国委员会、最高人民法院、最高人民检察院；三是外交部；四是出入境的机场、港口、火车站和其他边境口岸、边防、海防哨所。

◆ 升挂国旗的日期

国务院各部门，地方各级人民代表大会常务委员会、人民政府、人民法院、人民检察院，中国人民政治协商会议地方各级委员会，应当在工作日升挂国旗。各省、自治区、直辖市人民政府外事办公室，如与省、自治区、直辖市人民政府不在同一建筑物内办公，可以在工作日升挂国旗。

我国的各类全日制学校，除寒假、暑假和法定休息日外，应当每日升挂国旗。

国庆节、国际劳动节、元旦和春节，我国的各级国家机关和各人民团体应当升挂国旗。企业事业组织，村民委员会，居民委员会，城镇居民院、楼，以及广场、公园等公共活动场所，凡有条件者可以升挂国旗。

民族自治地方在民族自治地方成立纪念日和主要的传统民族节日，可以升挂国旗。不以春节作为传统节日的少数民族地区，春节是否升挂国旗，应由民族自治地方的自治机关规定。

另外，举行重大的庆祝、纪念活动，开展大型的文化、体育活动，举办大型

政务礼仪 zhengwuliyi

展览会，一般亦可升挂国旗。

◆ 升挂国旗的程序

我国所举行的升挂中华人民共和国国旗的正式仪式，大致均应包括下述五项基本程序。

第一项程序，全场肃立。

第二项程序，宣布升旗仪式正式开始。

第三项程序，出旗。出旗时，应由专人负责。通常负责操作出旗者应由1名旗手和双数的护旗手组成。具体出场时，通常为旗手居中，护旗手在其身后分列两侧随行，大家一道齐步走向旗杆。

第四项程序，正式升挂国旗。

第五项程序，奏国歌或唱国歌。若演奏国歌，宜与升旗同时进行，一般讲究旗升乐起，旗停乐止。若演唱国歌，则亦可在正式升挂国旗之后进行。

◆ 升降国旗的礼仪

▷ 升国旗

在升国旗时，应将国旗置于显著位置。列队举持国旗和其他旗帜行进时，国旗应处于其他旗帜之前。国旗与其他旗帜一同升挂时，应将国旗置于中心、较高或突出的位置。

升挂国旗，一般应于早晨升起，傍晚降下。遇上恶劣天气时，可以不升挂国旗。

礼仪专家提醒您

在升挂国旗时，可举行升旗仪式。在国旗升起的过程中，参加者应面向国旗肃立致敬，并可以奏国歌或唱国歌。全日制中、小学，除假期外，每周应举行一次升旗仪式。

第九章 国旗、国徽、国歌礼仪

在直立的旗杆上升国旗,应当徐徐地上升。升旗时,应将国旗升至杆顶。

⇨ **降国旗**

降下国旗,是升旗仪式的重要后续环节之一。降旗时,必须遵守我国国旗法的有关规定。通常,降旗的具体形式不限,并不一定要举行专门的仪式,但无论有无他人在场,操作者均应对国旗毕恭毕敬,态度认认真真。同时,不准使国旗落地。降旗完毕,旗手、护旗手应将国旗仔细收好,然后交给专人存放、保管,不可将其乱折、乱叠、乱揉、乱放。

⇨ **下半旗**

下半旗,一般是为了向某些人士志哀。我国规定:在中华人民共和国主席、全国人民代表大会常务委员会委员长、国务院总理、中央军事委员会主席、中国人民政治协商会议全国委员会主席、对中华人民共和国做出杰出贡献的人士、对世界和平或者人类进步事业做出杰出贡献的人士逝世时,可下半旗志哀。

发生特别重大伤亡的不幸事件或者严重自然灾害造成重大伤亡时,亦可下半旗志哀。

依照以上规定下半旗的日期和场所,由国家成立的治丧机构或国务院规定。

下半旗的具体做法有一定之规。下半旗时,应先将国旗升至旗杆顶端,然后再降至旗顶与杆顶之间的距离为旗杆的全长的1/3处。降下时,须先将国旗升至杆顶,然后再将其降下。

在某些国家,国丧不下半旗,而代之以在国旗上方加挂黑纱的方法志哀。我国无此做法。

出于对国旗的尊重,在升、降我国国旗时,公务员均应严格遵守国旗升降中的礼仪要求。具体而言,主要应注意如下三点:

公务员在国旗升降中的礼仪要求
△ 肃立端正
△ 神态庄严
△ 保持安静

政务礼仪 zhengwuliyi

⇨ **肃立端正**

升降国旗时，若无特殊原因，全体在场者均应起身肃立，停止走动，停下手中的一切事情，然后面向国旗立正，并对其行注目礼。凡戴帽者，一般均应脱下帽子。

⇨ **神态庄严**

在整个升降国旗的具体过程里，每一名在场者均应以庄重、严肃的表情与态度，表达对国旗的尊重。此刻切勿嬉皮笑脸，满脸晦气，态度冷漠，或显得玩世不恭。

⇨ **保持安静**

公务员参加升降国旗的活动时，务必要保持绝对安静。不允许在此过程中交头接耳、打打闹闹、左顾右盼、搔首弄姿，更不准接打电话、看书看报。

在涉外场合，为了对外国表示尊重，在升降其国旗时，我国公务员亦应比照以上要求行动。

（四）排序的规范

公务员在外事活动或实际工作中使用国旗时，往往会遇到具体的排序问题。在正式场合，这一问题通常被视为最敏感、最关键的一个国旗礼仪问题。

在实际操作中，国旗排序指的是我国国旗与其他旗帜或外国国旗同时升挂时顺序的排列。具体而言，它应被分为中国国旗与其他旗帜的排序以及中国国旗与外国国旗的排序这两个具体问题，而这两个具体问题一般分别体现在国内排序和涉外排序中。

第九章　国旗、国徽、国歌礼仪

◆ **国内排序**

国旗与其他旗帜排序，具体是指国旗与其他组织、单位的专用旗帜或彩旗同时升挂时的顺序排列。在国内活动中，此种情景时有所见。我国《国旗法》专门规定，升挂国旗，应当将国旗置于显著的位置。在一般情况下，我国国旗与其他旗帜有下列两种常见的排序。

▷ **前后排列**

当我国国旗与其他旗帜呈前后列队状态进行排列时，一般须使我国国旗排于前列。

▷ **并排排列**

国旗与其他旗帜并排升挂，存在三种具体情况：

第一种情况：一面国旗与另外一面其他旗帜并列。标准做法是应使国旗位居右侧（见图9—1）。

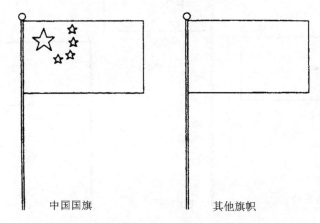

中国国旗　　　其他旗帜

图9—1　我国国旗与另一面旗帜并排升挂的位次

第二种情况：一面国旗与另外多面其他旗帜并列。在这种情况下，通常必须将国旗居于中心的位置（见图9—2）。

第三种情况：国旗与其他旗帜呈高低不同状态排列时，按惯例应使国旗处于较高的位置（见图9—3）。

◆ **涉外排序**

在某些特殊情况下，我国境内有可能升挂外国国旗。因此，客观上便出现了

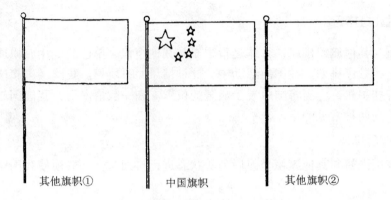

图9—2 我国国旗与多面旗帜并排升挂的位次

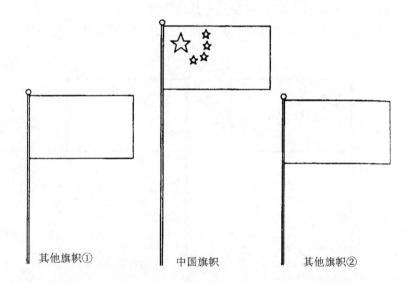

图9—3 我国国旗在存在高低之别时与其他旗帜并排升挂的位次

中外国旗的排序问题。处理这一问题时,外事人员一定要遵守有关的国际惯例与外交部的明文规定。

中国国旗与外国国旗并列时的排序,主要分为双边排列与多边排列这两种具体情况。

⇨ 双边排列

我国规定:在中国境内举行双边活动需要悬挂中外国旗时,凡中方所主办的

第九章 国旗、国徽、国歌礼仪

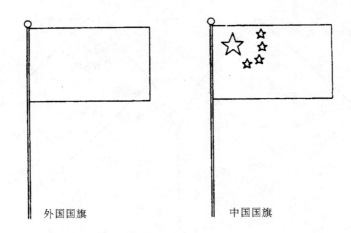

图9—4 在地面上并列升挂的中外两国国旗

活动，外国国旗应置于上首；凡外方所主办的活动，则中方国旗应置于上首。以下，以中方主办活动为例，说明三种常用的排列方式。

常用方式之一，并列升挂。

中外两国国旗不论是在地面上升挂，还是在墙上悬挂，皆应以国旗自身面向为准，以右侧为上位（见图9—4、图9—5）。

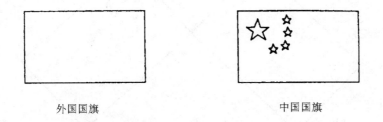

图9—5 在墙壁上并列悬挂的中外两国国旗

常用方式之二，交叉悬挂。

在正式场合，中外两国国旗既可以交叉摆放于桌面上，又可以悬空交叉升挂。此时，仍应以国旗自身面向为准，以右侧为上位（见图9—6、图9—7）。

常用方式之三，竖式悬挂。

有时，中外两国国旗还可以进行竖式悬挂。此刻，也应以国旗自身面向为准，以右侧为上位。竖挂中外两国国旗又有两种具体方式：或二者皆以正面朝外，或以客方国旗反面朝外而以主方国旗正面朝外（见图9－8）。应当注意的

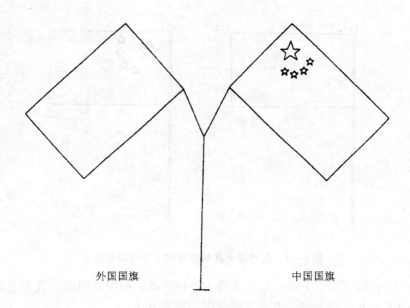

图9—6　在桌面上交叉摆放的中外两国国旗

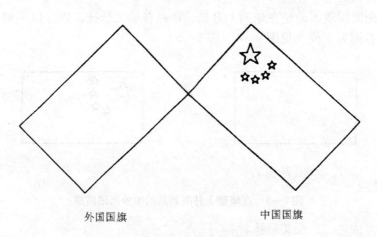

图9—7　悬空交叉悬挂的中外两国国旗

是，某些国家的国旗因图案、文字等原因，既不能竖挂，也不能反挂。有的国家则规定，其国旗若竖挂须另外制旗。

⇨ **多边排列**

当中国国旗在中国境内与其他两个或两个以上国家的国旗并列升挂时，按规

第九章 国旗、国徽、国歌礼仪

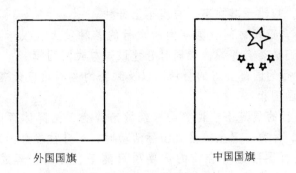

图9—8 以竖式悬挂的中外两国国旗

定应使我国国旗处于以下荣誉位置：

一列并排时，以旗面面向观众为准，中国国旗应处于最右方；单行排列时，中国国旗应处于最前面；弧形或从中间往两旁排列时，中国国旗应处于中心；圆形排列时，中国国旗应处于主席台（或主入口）对面的中心位置。

（五）升挂外国国旗惯例

在一般情况下，在每个主权国家的领土上，均不得随意升挂外国国旗。不过出于给予外宾的一种礼遇，或是为了遵守国际法，有时也可以升挂外国国旗。

◆ **我国境内挂外国国旗的规定**

除了国际法上的有关规定外，在我国以下几种场合可以升挂或使用外国国旗：

一 当外国元首、政府首脑或其他重要领导人正式来访时，为了表示礼遇，通常在其住所以及乘坐的交通工具上，可以升挂该国国旗。有的外国国家元首拥

政务礼仪 zhengwuliyi

有特制的元首旗,应准予其在寓所与座车上升挂。

— 在外国贵宾正式访问我国期间所举行的各种重大礼仪活动中,如欢迎仪式、签字仪式、迎送宴会等等,应同时升挂该国与我国国旗。

— 在我国举行的国际会议的会场,以及到会的各国政府代表团团长的住地,准许升挂各与会国国旗。

— 在我国举行的展览会、博览会、经贸洽谈会、国际体育比赛以及其他经济、科技、文化、体育、卫生等重大国际活动时,可升挂参加国国旗。

— 在我国进行国际经济合作的重要项目奠基、开工、落成、开业、剪彩、揭幕以及其他重大庆典时,可升挂我国及有关国家的国旗。

在此外的其他情况下,不得自作主张或容许外国人擅自升外国国旗。当外国人提出这方面的要求,而自己又难以决断时,应立即向各级政府的外事部门请示。升挂未建交国旗,亦须如此。

◆ 国际通行的升旗惯例

公务员应当熟知国际法有关国旗的习惯做法。国际法是由各国政府相互协商,共同认可或约定俗成的调整国际关系的准则。在国际交往中,各国政府都必须依照国际法来约束自身的行为。在国际法中,关于国旗有一系列的习惯约定和做法。作为国际惯例的一个部分,必须对其熟知,并加以遵守。

在国际法中,有关国旗的习惯做法,总共有如下八条要点:

国际通行的升旗惯例

△对各国国旗均须表示尊重
△为了表示礼遇或道歉可悬挂国旗
△战争时期悬挂国旗具有一定的特殊含义
△外国国庆日可悬挂国旗
△驻外使馆须升挂本国国旗
△常驻国际组织的各国代表团须升挂本国国旗
△各国商船可升挂本国国旗
△军舰须升挂本国国旗

第九章　国旗、国徽、国歌礼仪

➪ **对各国国旗均须表示尊重**

故意损坏或侮辱外国国旗，通常将被视作侵犯该国荣誉与尊严，得要求赔偿损失或公开道歉。

➪ **为了表示礼遇或道歉可悬挂国旗**

在一般情况下，在国际交往中，为了对国宾表示礼遇，或是对涉外性的侮辱事件表示歉意，可以升起或降下本国国旗，亦可向对方的国旗致敬或致歉。

➪ **战争时期悬挂国旗具有一定的特殊含义**

在交战时期，悬挂国旗，可以表示自己处于中立或敌对状态。在陆战与海战之中，作为战时的一种策略，允许交战国暂时悬挂其他敌国或中立国的国旗。但战斗一旦开始，即必须悬挂本国国旗。在内乱或战乱等非常时期，应允许外国人在其住所及办公场所悬挂该国国旗。

➪ **外国国庆日可悬挂国旗**

基于国际上通行的相互尊重与相互礼让的原则，准许外国人在该国节日等特定的日子里，悬挂该国国旗。除此之外，在任何一个主权国家的领土上，都不得任意升挂他国国旗。

➪ **驻外使馆须升挂本国国旗**

外交使节是一国派驻他国的代表，对外代表着自己的国家，因此各国的使领馆及其人员的寓邸，以及各国使团团长所使用的交通工具之上，得常年升挂其派遣国国旗。

➪ **常驻国际组织的各国代表团须升挂本国国旗**

各国派遣的常驻国际组织的代表团或代表队，在理论上自然也是代表自己的国家的。因此，可参照外交代表机关的办法，在代表团或代表处的住所、代表团团长或代表处负责人的寓邸及其执行公务时所乘用之交通工具上，可以悬挂派遣国国旗。

➪ **各国商船可升挂本国国旗**

在公海上行驶时，各国商船均有义务升挂本国国旗，以此来表示船籍国拥有对其的管辖权。除特别征用或者其他特定的场合之外，各国商船都不得使用他国国旗，也不准许让他国商船使用本国国旗。

➪ **军舰须升挂本国国旗**

军舰是本国武装力量的一个组成部分，因此必须升挂本国国旗。不论是在公

政务礼仪 zhengwuliyi

海上，还是在外国领海上，对军舰的管辖权，永远都属于船旗国。军舰之所以须升挂本国国旗，就是为了表明这一事实，同时也是为了接受外国船只的敬意。在外国领海上，为表示无害通过，军舰升挂本国国旗是非常必要的。

二、国　徽

　　同国旗一样国徽也是一个主权国家的象征和标志。她是由国家正式规定的，由一定的形状和图案所组成。国徽礼仪，指的是制作、使用国徽时所必须恪守的各种法律和规定。作为一名公务员必须尊重国徽，维护国徽的尊严，认真学习并遵守有关国徽的礼仪规范要求，以实际行动体现出自己的爱国热情。

（一）象征国家

　　国徽也是每一个主权国家的最为重要的象征和标志之一。在世界上，每个国家大都拥有本国的国徽，并且依照国际惯例，在国际交往中对其广泛地加以运用。一般而言，公务员在外事活动之中不仅要尊重本国国徽，而且也必须遵照"互相尊重"的国际惯例，对交往对象所在国的国徽，表示同样的尊重。在正式的政务往来中，此点尤为重要。

　　每一个公务员都必须认真地学习并遵守有关国徽的礼仪。所谓国徽礼仪，主要指是制作、使用国徽时，所必须遵守的各种法律和规定。世界上许多国家，为了体现国徽的尊严，通常会以立法的形式，专门对本国的国徽礼仪进行正式的、明确的规范。例如，《中华人民共和国国徽法》，就是依照我国宪法于1991年3月2日制定，并于1991年10月1日起正式施行的。

第九章　国旗、国徽、国歌礼仪

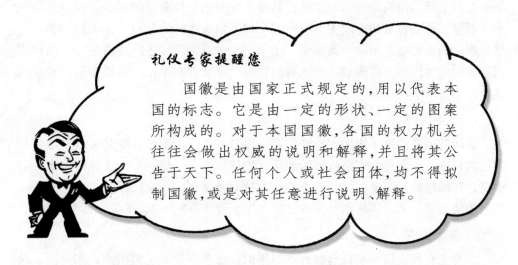

礼仪专家提醒您

国徽是由国家正式规定的,用以代表本国的标志。它是由一定的形状、一定的图案所构成的。对于本国国徽,各国的权力机关往往会做出权威的说明和解释,并且将其公告于天下。任何个人或社会团体,均不得拟制国徽,或是对其任意进行说明、解释。

◎ 我国的国徽

中华人民共和国国徽的图案以及图案的说明、使用方法,是在1950年6月28日正式对外公布的。此后,与此有关的内容,又被正式载入我国宪法和我国国徽法。

《中华人民共和国国徽法》明文规定:"中华人民共和国国徽是中华人民共和国的象征和标志。一切组织和公民,都应当尊重和爱护国徽。""中华人民共和国国徽、中间是五星照耀下的天安门,周围是谷穗和齿轮。"根据权威解释,我国国徽象征着中国人民自五四运动以来的新民主主义革命斗争和工人阶级领导的、以工农联盟为基础的、人民民主专政的新中国。

为了维护我国国徽的尊严,并且正确无误地使用之,《中华人民共和国国徽法》第二条还专门规定:"中华人民共和国国徽按照1950年中央人民政府委员会通过的《中华人民共和国国徽图案》和中央人民政府委员会办公厅公布的《中华人民共和国国徽图案制作说明》制作。"

◎ 外国的国徽

为保证公务员在涉外场所做到自觉遵守国际礼仪,这里也需要对世界一些主要国家的国徽做个简单介绍:

➡ **美国国徽**

美国的国徽是于1782年6月20日由美国国会正式批准的。国徽的主要图案

政务礼仪 zhengwuliyi

是一只白头雕。白头雕的顶冠象征着新独立的美利坚合众国的诞生。顶冠所饰的十三颗星,代表着最初组成美国的十三个州。白头雕的胸前有一面美国国旗——星条旗。白头雕嘴上衔着一条黄带,上书"合众为一",意即美国是一个由许多州组成的完整国家。白头雕一爪抓着橄榄枝,象征着和平;一爪抓着箭,意味着武力。

⇨ **法国国徽**

法国的国徽产生于法国大革命时期。国徽的中心图案是古罗马高级执法官所使用的权标——束棒,它是权威的象征。束棒顶端有一柄斧头,束棒两侧则饰有橄榄叶和橡树叶。图案整体被带有古罗马军团勋章的环境圈所围绕,呈椭圆形,图案中间的带子上,用法语书写着法国的国家箴言:"自由、平等、博爱。"

⇨ **英国国徽**

世界上有极少数国家目前没有本国国徽。也有一些君主制国家,如英国、泰国等,则以本国皇徽为国徽。

英国皇徽的中心图案是一只椭圆形的盾。盾的左上角和右上角都各有3只红底全狮,象征着英格兰;盾的右下角有代表苏格兰的半站立的金底红狮;盾的右下角则有代表爱尔兰的蓝底金色竖琴;盾的上端,饰有代表主权的王冠;盾的左右两侧,各有一只头戴王冠代表英格兰的狮子和代表苏格兰的独角兽相扶;盾的周围,书写着"恶有恶报"的字样;盾下的飘带上,则写有"上帝和我的权利"的字样。

⇨ **其他国家的国徽**

还有许多国家采用了本国其他象征性标志,作为国徽的主体图案。例如,加拿大的国徽,以其国花枫叶作为主体图案;墨西哥的国徽,则以其国鸟雄鹰和国花仙人掌作为主体图案。

熟悉国徽,是维护国徽尊严,并正确无误地使用国徽的前提。因此在涉及对外交往中,各级公务员均应对本国国徽和交往对象国国徽加以熟悉。

(二)使用的规定

国徽使用的规定是每一名公务员所必须遵守的。这方面的具体成文规定主要涉及国徽的悬挂、国徽的其他用途。

第九章 国旗、国徽、国歌礼仪

◆ **国徽的悬挂**

在一般情况下,各国国徽均主要用于悬挂。按照国际惯例,在我国国境之内通常不得悬挂外国国徽,而只能悬挂我国国徽。对于悬挂机构、悬挂场所、悬挂办法,我国均有明确规定。

国徽的悬挂
△悬挂国徽的机构
△悬挂国徽的场所
△悬挂国徽的办法

▷ **悬挂国徽的机构**

我国《国徽法》第4条规定,下列机构应悬挂国徽:

→ 县级以上各级人民代表大会常务委员会;
→ 县级以上各级人民政府;
→ 中央军事委员会;
→ 各级人民法院和专门人民法院;
→ 各级人民检察院和专门人民检察院;
→ 外交部;
→ 国家驻外使馆、领馆和其他外交代表机构。
→ 此外,乡、民族乡、镇的人民政府也可悬挂国徽。

▷ **悬挂国徽的场所**

我国《国徽法》第5条规定,下列场所应悬挂国徽:

北京天安门城楼、人民大会堂;
县级以上各级人民代表大会及其常务委员会会议厅;
各级人民法院和专门人民法院的审判厅;
出境入境口岸的适当场所。

政务礼仪 zhengwuliyi

⇨ **悬挂国徽的办法**

我国对悬挂国徽的办法也有具体的规定。机关悬挂国徽时，通常应将其悬挂在机关正门上方正中位置。场所悬挂国徽时，也要将其悬挂于室内外的正墙正中处。在任何情况下，均不得将用于悬挂的国徽直接置于地面。

◆ **国徽的其他用途**

除制作成徽记用于悬挂之外，国徽的图案还可用于国家规定使用的印章、文书、出版物、火漆印、界碑及专用服装上。我国国徽使用的现状是：

⇨ **用于印章**

我国《国徽法》规定，下列机构的印章应刻有我国国徽：

全国人民代表大会常务委员会、国务院、中央军事委员会、最高人民法院、最高人民检察院；

全国人民代表大会各专门委员会和全国人民代表大会常务委员会办公厅、工作委员会，国务院各部、各委员会、各直属机构、国务院办公厅以及国务院规定应当使用刻有国徽图案印章的办事机构；

县级以上地方各级人民代表大会常务委员会、人民政府、人民法院、人民检察院、专门人民法院、专门检察院；

国家驻外使馆、领馆和其他外交代表机构；

外交部办公厅和有关业务部门，国务院和有关部、委的外事司（局），各省、直辖市、自治区人民政府的外事办公室，计划单列市、经济特区和沿海开放城市人民政府的外事办公室；国家驻外使馆和常驻联合国代表团的有关业务主管部门；

国家办理签证的机关和签发出入境证件的机关。

⇨ **用于文书、出版物**

我国《国徽法》规定，下列文书、出版物应印有我国国徽图案：

全国人民代表大会常务委员会、中华人民共和国主席和国务院颁发的荣誉证书、任命书、外交文书；

中华人民共和国主席和副主席、全国人民代表大会常务委员会委员长和副委员长、国务院总理和副总理及国务委员、中央军事委员会主席和副主席、最高人民法院院长、最高人民检察院检察长、外交部部长和副部长、国家和政府的特使、驻外使领馆和其他外交代表机构的馆长以职务名义对外使用的信笺、信封、

第九章 国旗、国徽、国歌礼仪

请柬、贺卡、赠礼卡以及外交文书等；

全国人民代表大会常务委员会公报、国务院公报、最高人民法院公报和最高人民检察院公报的封面；

国家出版的法律、法规正式版本的封面；

全国人民代表大会常务委员会、国务院、中央军事委员会、最高人民法院、最高人民检察院、外交部、国家驻外使领馆和其他外交代表机构所使用的外交文书、信笺和信封；

以国家、政府或政府部门的名义所缔结的条约的批准书、接受书、加入书、文件夹的封面；

我国正式颁发的护照签证及其他发给外籍人员的正式证件；

外交信使、领事信使的有关证件；

驻外使领馆颁发的船舶国籍临时证书。

▷ 用于火漆印

以国家、政府或政府部门的名义缔结的条约、协定，可加封刻有国徽的火漆印。

▷ 用于界碑

在边境重镇及边境重要交通干线等地竖立的界碑上可使用国徽图案。

▷ 用于服装

中国体育代表团、代表队参加国际体育比赛时，可身着带有国徽图案的服装。某些部门的制服，也可使用国徽。

（三）维护国徽的尊严

国徽代表着国家，国徽关系到国家的尊严。每一位公务员都必须认真维护国徽，不仅要维护我国国徽，而且也要给予交往对象国的国徽以必要的尊重。具体而言，公务员应当从如下四个方面着手认真维护国徽的尊严：

政务礼仪 zhengwuliyi

维护国徽尊严的要求

△ 严禁滥用国徽
△ 统一国徽的规格
△ 不得侮辱国徽
△ 遵守国徽惯例

◆ 严禁滥用国徽

为了维护国徽的崇高地位,世界各国对于国徽的使用范围都做了一定的、严格的限制,并规定任何组织、任何个人都不得随意滥用国徽,或是对其乱做解释。

《中华人民共和国国徽法》第9条明确规定:"在本法规定的范围以外需要悬挂国徽或使用国徽图案的,由全国人民代表大会常务委员会办公厅或者国务院办公厅会同有关部门规定。"除此以外,任何组织、任何个人都不拥有此项权力。

各国为确保国徽的严肃性,往往还会专门划定国徽的禁用范围。对违反有关规定者依法予以惩处。我国目前正式规定,中华人民共和国国徽及其图案不得被随意使用于以下四种场合:

→ 商标、广告;
→ 日常生活的陈设布置;
→ 私人庆吊活动;
→ 国务院办公厅规定不得使用国徽及其图案的其他场合。

◆ 统一国徽的规格

为了体现国徽的庄严形象。世界各国对于悬挂的国徽的规格和国徽的图案的着色、比例都作了专门的规定。公务员在各种重大的国内外活动中使用国徽及其图案时,要予以高度重视。

我国国徽法第12条规定:"悬挂的国徽由国家指定的企业统一制作,其直径的通用尺度为下列三种:(一)100厘米;(二)80厘米;(三)60厘米。在特定场所需要悬挂非通用尺度国徽的,报国务院办公厅批准。"

在一切正式场合,均不得悬挂破损、污损或者不合格的我国国徽。当有必要

第九章 国旗、国徽、国歌礼仪

悬挂外国国徽时，亦应当重视此类问题。公务员对此应当谨慎有加。

◆ 不得侮辱国徽

维护国徽尊严，即要求不得以各种方式侮辱国徽。依照我国有关法律的规定：在公共场合故意以焚烧、毁损、涂画、玷污、践踏等方式侮辱中华人民共和国国徽的，依法追究刑事责任。情节较轻的，参照治安管理处罚条例的处理规定，由公安机关处于15日以下拘留。

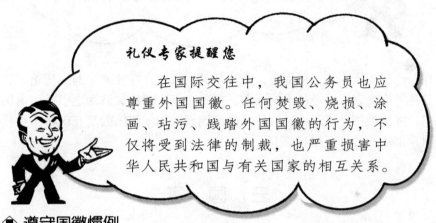

礼仪专家提醒您

在国际交往中，我国公务员也应尊重外国国徽。任何焚毁、烧损、涂画、玷污、践踏外国国徽的行为，不仅将受到法律的制裁，也严重损害中华人民共和国与有关国家的相互关系。

◆ 遵守国徽惯例

我国公务员在涉外交往中涉及我国与交往对象国的国徽使用问题时，务必要遵守业已形成的、具有普遍适用性的国际惯例。要谨慎行事，切莫任意而为。

《中华人民共和国国徽法》第8条规定：我国"外事活动和国家驻外使馆、领馆以及其他外交代表机构对外使用国徽的办法，由外交部规定，报请国务院批准后施行"。公务员对此类具体规定，只能照章办事。

依照现行国际惯例，任何一个主权国家出于维护本国尊严的考虑，都不允许外国组织、外国公民随意在本国领土之内悬挂外国国徽，或是任意使用外国的国徽图案。不仅如此，世界各国自己也不会随随便便地悬挂外国国徽或使用其图案，或者任意在涉外场合悬挂本国国徽或使用其图案。

政务礼仪 zhengwuliyi

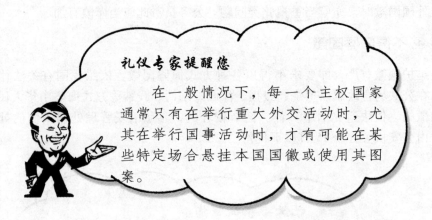

礼仪专家提醒您

在一般情况下，每一个主权国家通常只有在举行重大外交活动时，尤其在举行国事活动时，才有可能在某些特定场合悬挂本国国徽或使用其图案。

在一个主权国家领土范围内，其他任何国家只有在驻该国的大使馆、领事馆以及其他外交代表机构悬挂本国国徽，或是在正式的外文活动之中采用本国国徽的图案，才能被接受。超出这一特定的范围而滥用本国国徽及其图案，往往会被视为对别国主权的有意侵犯。

三、国　歌

作为国家标志与象征之一的国歌，在正式活动中，有着至高无上的、神圣不可侵犯的崇高地位。任何一个国家的国歌，都代表着这个国家。

由于国歌在对内、外交往中具有极为重要的地位，每一位公务员应当在日常生活中，特别是对外交往中，以身作则地维护国歌的尊严，遵守有关国歌的礼仪。

第九章　国旗、国徽、国歌礼仪

（一）了解国歌

如同国旗、国徽一样，国歌也是国家的标志与象征之一。热爱国歌、尊重国歌、自觉地维护本国国歌的尊严，在世界各国都被视为每一位公民的一项义不容辞的基本义务。对一个国家的国歌侮慢，甚至有意对其表示不恭、不敬，通常会被理解为是对该国的失敬，或是对该国的蓄意挑衅，对该国国家尊严的存心冒犯。

◆ 中国的国歌

起来！不愿做奴隶的人们！把我们的血肉，筑成我们新的长城！中华民族到了最危险的时候，每个人被迫着发出最后的吼声！起来！起来！起来！我们万众一心，冒着敌人的炮火前进！冒着敌人的炮火前进！前进！前进！进！

当每一个中国人听到上面这首由田汉作词，聂耳作曲的《义勇军进行曲》的时候，往往都会心潮澎湃，热血沸腾，在心中充满着对于我们伟大祖国的无比热爱和报效祖国、献身祖国的坚定决心。与此同时，人们还往往会由衷地萌生起一种身为炎黄子孙的真挚的自豪感。所有这一切，都是因为这首乐曲是我们自己的祖国——中华人民共和国的国歌。

我国国歌产生的经过是这样的：1949年9月27日，中国人民政治协商会议第一届全体会议决定，在中华人民共和国国歌未正式制定前，以田汉作词，聂耳作曲的《义勇军进行曲》作为代国歌。1978年3月5日，经第五届全国人民代表大会第一次会议通过，配上新词的《义勇军进行曲》被定为我国正式国歌。1982年12月4日，第五届全国人民代表大会第五次会议决定，以恢复原词、原曲的《义勇军进行曲》作为我国国歌。2004年3月14日，它被《中华人民共和国宪法》予以正式明确。

在世界上的不少国家里，都有这样一个规定：每逢在正式场合演奏本国国歌之际，在场的所有本国公民，均须紧跟着它的旋律，一丝不苟地轻声应和，或是放声高唱。

政务礼仪 zhengwuliyi

礼仪专家提醒您

对于每一个公务员来说，首先应当对本国的国歌了解得一清二楚，记清每一句歌词，熟悉每一个音符，对它完完全全地了然于胸。

◆ **外国的国歌**

公务员在涉外交往中，还须对交往对象国的国歌有一定程度的了解。这样做，既可以在涉外活动中避免产生那些不必要的困扰与麻烦，也可以更好地、更为充分地、更加合乎礼仪地向交往对象国表达自己的友好与敬意。

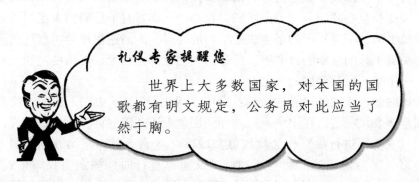

礼仪专家提醒您

世界上大多数国家，对本国的国歌都有明文规定，公务员对此应当了然于胸。

在世界上，有的国家的国歌一经制定，就再未发生过变化。如美国的国歌《星条旗》，在1931年3月3日被国会确定为国歌后，一直沿用至今。

有些国家的国歌，则由于政局的变动，而会发生一些这样或那样的变化。比如，法国的国歌《马赛曲》，虽成名于18世纪末，但其身份几经变化，直至1975年才以现在这种版本被规定为法国的国歌。

有些国家的国歌，有曲而无词。如俄罗斯、摩洛哥、科威特、卡塔尔、巴林、阿联酋等国家。

许多国家的国歌，曲调都采取进行曲的曲调，以其庄重、雄浑去代表国家博

第九章 国旗、国徽、国歌礼仪

大宽广的气度,充当激发国民奋进的号角。各国国歌的长短各不相同,如卡塔尔国国歌仅可演奏30秒钟。所以在升国旗时,就必须反复演奏,直至其国旗升至旗杆杆顶为止。

由于种种原因,有的国家的国歌是代用的,或是同时拥有两首国歌。比如,澳大利亚就有两首国歌,它在英联邦内活动时,必须演奏英国国歌;而在英联邦之外活动时,则必须演奏其另外一首国歌——《澳大利亚,前进!》。

由于历史等特殊原因,世界上还有许多国家共有一首国歌。目前,英国的国歌《神佑女王》,就被二十多个属于英联邦成员的国家当作自己的国歌或准国歌使用。

(二) 奏唱国歌

◆ 奏唱国歌的礼仪要求

国歌具有不容侮慢、不可亵渎的尊严。奏唱国歌要求每一个本国公民特别是公务员必须遵守其法律规定,执行其礼仪规范。否则便有失人格、国格。

奏唱国歌的礼仪要求
△演奏庄重
△起身肃立
△高声歌唱

⇨ 演奏庄重

国歌的演奏有着一定之规。比如,在欢迎国宾的仪式上,通常应当演奏中外两国国歌。奏国歌时,一般先要演奏来宾所代表的国家的国歌,然后再演奏我国的国歌。这一做法,就是我国对外国国宾所代表的国家的尊重。

另外,各国对国歌的曲调与配器都有不少严格的规定,我国国歌也是如此。因此,在演奏国歌时,不允许对其擅自更改,不得为国歌的乐曲乱配歌词,也不得以戏

政务礼仪 zhengwuliyi

谑的方式演奏或演唱国歌。在这些方面,公务员应当自觉遵守有关的规定。

在非正式场合、娱乐场合以及其他不够严肃的场合,按照国际惯例,均不得演奏或演唱国歌。例如,在商业活动、舞会、联谊活动以及婚丧庆悼活动之中,均不可演奏或演唱国歌。

⇨ 起身肃立

无论是在对内还是对外的各类活动中,当演奏国歌时,公务员都应当起身肃立,以此来向国歌致敬。

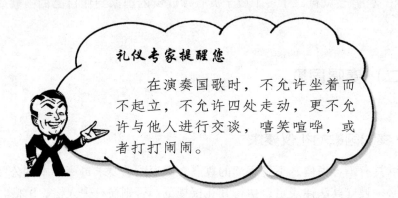

礼仪专家提醒您

在演奏国歌时,不允许坐着而不起立,不允许四处走动,更不允许与他人进行交谈,嘻笑喧哗,或者打打闹闹。

当国歌奏响时,标准的动作应当是:起身肃立,双手沿着裤缝自然下垂,不能稍息,不能双手插兜、提拿物品、扶持他物或是端起双臂。公务员此时神态务必严肃,姿势务必端正,同时默唱或大声高唱国歌。

在演奏国歌时,除按规定可戴帽子者之外,其他人士皆应脱下自己的帽子,同时也不准佩戴太阳镜;身着外套者,亦须将其脱下。

公务员在国歌奏响时,一般应当目视正前方,以示聚精会神。若在演奏国歌的同时升挂国旗,公务员则应当目视徐徐上升的国旗,向其行注目礼。按照我国惯例,此刻身着制服的公安人员以及军人和少先队员,同时还应当面向国旗行举手礼。无论如何,公务员均不可在奏国歌时东张西望、瞻前顾后或左顾右盼。

⇨ 高声歌唱

在大型会议活动上,在演奏国歌时,全体与会者均应一起站立,共同高唱国歌。公务员在按照要求齐唱国歌时,应当与其他人员保持一致,吐字清晰,节奏适当,演唱准确。不允许自由发挥,随口乱唱,含糊不清,丢三落四,更不允许怪声怪气,洋腔洋调,有意改变国歌的节奏或作拖腔,也不能在唱歌时鼓掌、击节或是摇头晃脑、手舞足蹈。

第九章 国旗、国徽、国歌礼仪

◆ 适合奏唱国歌的场合

为了确保本国国歌的尊严不受人为的侵害,各国对本国国歌演奏、演唱的具体场合一般都有不同程度的规定。公务员应当严格执行这些规定要求。

在一般情况下,按照国际惯例,任何非正式场合,特别是娱乐场合或其他不够严肃、正规的场合,均不得演奏、演唱国歌。例如,我国规定,在商业活动、舞会、联谊活动以及婚丧庆悼活动中,一律不准演奏或演唱国歌。

在我国,目前对于演奏演唱我国国歌或外国国歌的具体场合,又有不尽相同的规定。

⇨ 适用我国国歌的场合

在一般情况下,在一个主权国家的管辖范围之内,只准许演奏或者演唱本国国歌。在我国,规定可以正式演奏或演唱国歌的场合大致包括下列几种:

→ 举行正规的升挂我国国旗的仪式时;
→ 举行隆重的庆典活动时;
→ 举行国际性的、大型政治性集会时;
→ 举行重大的外交活动时;
→ 举行大型体育运动会或进行重要的体育比赛时;
→ 举行特殊的维护国家尊严与荣誉的活动时。

⇨ 适用外国国歌的场合

根据国际惯例与我国有关规定,其他任何国家的国歌均不得在我国境内随意演奏或者演唱。仅有以下四种情况属于例外:

→ 举行正式的官方外交活动时;

→ 举行重要的国际会议时；
→ 举行形式严肃的国际性文艺演出时；
→ 举行国际性体育运动会或国际性体育比赛时。

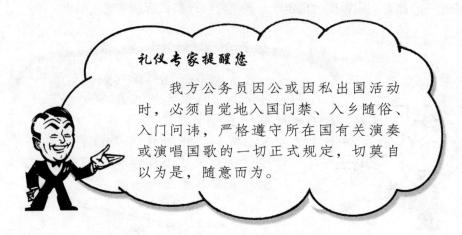

礼仪专家提醒您

我方公务员因公或因私出国活动时，必须自觉地入国问禁、入乡随俗、入门问讳，严格遵守所在国有关演奏或演唱国歌的一切正式规定，切莫自以为是，随意而为。

（三）尊重国歌

在任何时候，公务员均应主动维护我国国歌，并对其表示应有的尊重。在涉外活动中，还须对外国国歌表示同样的尊重。

⇨ **尊重我国国歌**

当国歌演奏或演唱之际，不允许走动、嬉笑打闹、交头接耳，或接打移动电话；不允许鼓掌、击节、吼叫、蹦跳或者手舞足蹈、摇头晃脑。

演奏国歌时，在场的全体人员均应肃立致敬。其具体做法是：起身端立，目视前方，双手下垂，神态庄严，聚精会神。不允许稍息、端臂、弯腰、垂首或者瞻前顾后、东张西望。除身着制服者之外，一律应当脱帽，并摘下太阳镜。若升国旗与奏国歌同步进行，当演奏国歌时，应目视徐徐上升的国旗，向其行注目礼。按惯例，身着制服徒手的军警人员应向国旗行举手礼。

一般而言，演奏国歌时，应同时默唱或放声高唱国歌。

⇨ **尊重外国国歌**

在对外交往中，各国的国歌均神圣不可侵犯。外事人员对别国表示尊重的最好办法之一，就是对别国的国歌表示尊重。而有意或无意地对别国国歌表现出不恭不敬，通常都会被理解为对对方的失礼，或是对对方的蓄意冒犯或挑衅。

第 10 章

民族与宗教礼仪

我国是一个统一的多民族国家。中华民族是中国人在世界上的统称。在世界上，中国人所共有的礼仪就称之为中华民族礼仪。而在中华大地上，中华民族礼仪是由56个民族的民族礼仪共同构成的。

我国又是一个多宗教的国家，宗教习俗历史悠久。在长期的历史发展过程中，宗教在社会发展中起着不可忽视的作用。同时，所遇到的宗教问题也表现得错综复杂。

公务员在执行公务中会经常遇到民族和宗教问题。正确地对待和处理这些问题，需要公务员正确地认识和全面地了解我国的民族礼仪和宗教礼仪知识。惟有如此，才能在自己的本职工作中，妥善处理好民族和宗教问题。

本章要点

您应该记住的 **8** 个基本点

- [ ] 由于历史发展原因,各民族在语言、文化、生活、习俗等方面往往具有许多不同的特征,由此也就产生了不同的民族礼仪。

- [ ] 与汉族以外的其他民族打交道时,公务员应遵循国家的民族方针政策,按照约定俗成的做法办事。

- [ ] 处理民族关系时,公务员必须既反对大民族主义,又反对地方民族主义,坚持民族平等的原则。

- [ ] 处理一切民族问题的根本宗旨,是促使各民族的共同发展与共同繁荣。为此,必须倡导各民族之间的互助合作。

- [ ] 在民族工作中,公务员对民族习俗的尊重,必须认真付诸行动,并且在具体工作的方方面面都予以充分体现。

- [ ] 公务员对待宗教工作务必要认真谨慎,掌握原则,注意方法,严格遵守宗教礼仪。

- [ ] 对正常的符合民族意志和国家利益的宗教活动,任何公务员不得以任何借口进行干涉。

- [ ] 任何宗教活动,都应当遵守国家宪法和法律规定,不得危及社会稳定与国家尊严,不得妨碍和影响他人的工作与生活。

第十章 民族与宗教礼仪

一、民 族

　　由于历史发展等方面的原因,各民族在语言、文化、生活、习俗等方面往往具有许多不同的特征,由此也就产生了不同的民族礼仪。
　　在日常工作中,为了执行民族政策、处理民族问题的需要,公务员有必要尽可能多地认识和了解一些我国各民族的民族礼仪习俗。惟有如此,才能自觉遵守中华民族礼仪规范,尽职尽责地做好自己的本职工作。

(一) 民族与民族礼仪

　　《中华人民共和国宪法》规定:"中华人民共和国是全国各族人民共同缔造的统一的多民族国家。"要使我国国家的统一、人民的团结、国内各民族的团结得以真正的维护,就必须妥善地处理我国的民族问题。

政务礼仪 zhengwuliyi

◆ 民族与民族礼仪

什么是民族

所谓民族,是由使用共同语言,生活在共同的地域,拥有共同的经济生活,或者在同一个文化背景之下,拥有共同的民族心理素质的人类的共同体。是一个统一语言、统一地域、共同生活在同一文化背景上、拥有共同的心理素质的人类的共同体。

政务礼仪所讲的民族礼仪是指公务员在其工作岗位上和日常交往中,与其他民族打交道时,按照民族方针政策所应遵守的约定俗成的做法。对民族礼仪作一个简单的界定,就是民族交际规则。

自古以来,我国就是一个统一的多民族国家。中华民族,是中国人在世界上的统称,而她则是由全国56个民族统一组成的。由此可见,对外而言,中国人所共有的礼仪可以称之为中华民族礼仪。对内而言,中华民族礼仪则是由56个民族的民族礼仪所构成的。

◆ 民族礼仪与宪法

《中华人民共和国宪法》第四条明确规定:"中华人民共和国各民族一律平等。国家保障各少数民族的合法权利和利益,维护和发展各民族的平等、团结、互助关系。禁止对任何民族的歧视和压迫,禁止破坏民族团结和制造民族分裂的行为。"上述规定,是公务员正确处理民族关系问题时必须遵循的总纲。

第十章 民族与宗教礼仪

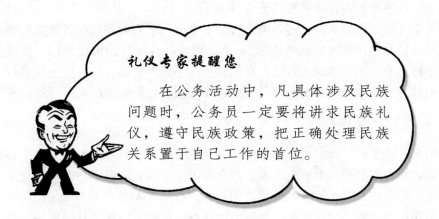

礼仪专家提醒您

在公务活动中,凡具体涉及民族问题时,公务员一定要将讲求民族礼仪,遵守民族政策,把正确处理民族关系置于自己工作的首位。

(二)民族平等的原则

处理民族关系之时,公务员必须坚决反对民族不平等,真正坚持民族平等。从根本上讲,没有真正的民族平等,就不可能实现真正的民族团结与民族互助。

在具体处理民族关系问题时,要真正地坚持民族平等,主要应当重视以下三点:

民族平等的原则

△ 承认民族差异
△ 反对民族歧视
△ 推进民族进步

◆ **承认民族差别**

从总体上看,民族融合是历史的必然,但是它只能在各民族高度繁荣、发展的基础上才可以逐步实现。在我国当前所处的社会主义初级阶段里,尽管存在着某些民族融和的因素,但是民族差别还将长期存在。因此,若要坚持民族平等,

就必须承认民族差别，并且对其予以尊重。

在实际工作中，承认民族差别，就要求公务员既要看到我国各民族所具有的中华民族的共性，又要注意到我国56个民族所各自独具的民族个性，重视共性寓于个性之中，无个性即无共性。在民族工作中，既要在各民族中坚持我国人民共同的社会主义道路，又要重视并且照顾各民族和各民族地区的不同特点。

◆ 反对民族歧视

因为种种原因，我国各民族在经济、政治、文化、科技的发展水平上存在着很大的差异和不平衡，因而在事实上存在着大小、强弱、聚居与杂居、先进与落后之分。但是这并不等于宣告她们之间有着"优等"与"劣等"之别。

事实充分证明：古往今来，每一个民族都有某些方面优于其他民族。每一个民族，都具有只属于本民族而不为其他民族所具有的特征。这些特征，都丰富了世界文化的共同宝库。在此意义上，每一个民族都理应平等，都同等重要，都有其存在的价值。正因为如此，民族歧视是既有害而又错误的。

◆ 推进民族进步

在民族工作中，既要消灭民族压迫，又要承认民族差别；与此同时，还要推进各个民族的共同发展、共同繁荣和共同进步。

应当承认，在一定的历史时期之内，我国的各民族之间还会存在某些事实上的不平等。当前所倡导的各民族一律平等，主要是指各民族在政治权利、社会地位和社会生活一切领域之内的平等，而不是指在经济文化上处于同等水平；是指反对民族歧视，消除民族特权，而不是要求超前实现民族融和。

（三）加强民族团结

民族团结，是我国各族人民的最高利益。我国各族人民只有在统一的社会主义大家庭里紧密团结起来，才能胜利地实现建设有中国特色的社会主义、实现各民族的共同繁荣，同时也取得本民族的发展与繁荣。我国各族人民也只有在统一的祖国大家庭里紧密团结起来，才能具有强大的力量，抵御外来的侵略、干涉，并且真正地使中华民族自立于世界民族之林。简言之，没有民族团结，就没有祖国的统一与昌盛；没有民族团结，就没有社会主义现代化建设的实现。

在民族工作中，国家尽一切努力，促进全国各民族的团结。在维护民族团结

第十章 民族与宗教礼仪

的努力奋斗的进程中,公务员既要反对大民族主义,主要是大汉族主义,同时也要反对地方民族主义。

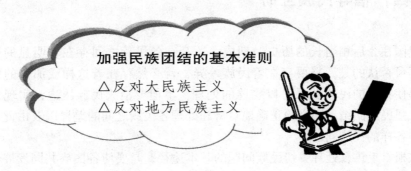

加强民族团结的基本准则
△反对大民族主义
△反对地方民族主义

◆ 反对大民族主义

在处理民族关系时,要真正地维护民族团结,就要自觉地反对大民族主义,在我国主要是反对大汉族主义。

所谓大汉族主义,是汉族剥削阶级在历史上所形成的一种民族主义倾向。它的特点是,过分地渲染汉族在中华民族大家庭中的作用,力主将汉族置于我国各民族的领导地位,否认其他各民族的作用与贡献,以汉族一个民族的利益去统摄其他各民族的利益,歧视其他民族,甚至对其进行欺压、凌辱。在民族工作中,如果听任大汉族主义继续作怪,不仅等于否认了民族平等,而且直接损害了民族团结。

◆ 反对地方民族主义

在我国,不仅要在民族工作中坚决地反对大汉族主义,同时也必须坚决地反对地方民族主义。

所谓地方民族主义,在我国主要是指存在于某些少数民族之中的民族偏见。它的特点,是夸大民族差异,制造民族矛盾,损害民族关系,导致民族分裂。在实践中,地方民族主义造成民族猜疑,形成民族隔阂,煽动民族仇恨,挑起民族冲突,唆使民族仇杀,破坏了我国各族人民的大团结,破坏了祖国的统一。

（四）倡导民族互助

我国在今后相当长的历史时期内，还会在各民族之间存在着明显的民族差异。不可否认的是，只要存在着民族差异，就必然存在着这样或那样的民族问题。要使我国的民族关系得以妥善的处理，不但要消灭民族压迫，实现民族平等，加强民族团结，还必须正确地对待和处理各民族之间的差异以及由此而产生的各种各样的民族问题。

从根本上讲，处理一切民族问题的基本途径，是要使各民族共同发展，共同繁荣。为此，必须倡导各民族之间的互助。

倡导民族互助的基本要求
△各民族要相互学习
△各民族要相互支持

◆ 各民族要相互学习

我国的民族大家庭是由56个民族所构成。这一客观现实，是其历史发展的必然。在中华民族发展的历史进程中，我国的56个民族均做出过自己独特的贡献。在当前的现实生活中，她们依旧互助依存，不可或缺。

实践证明，我国民族大家庭中的每一个民族要生存，要进步，必然离不开向其他民族进行学习。我国各民族之间，只有相互学习，取长补短，才能和睦相处，共存共荣。

◆ 各民族要相互支持

中华民族的发展，从来都离不开各个民族之间的相互关心，相互支持。在当前处理民族问题的具体过程中，尤其应当提倡各民族之间的相互支持。

应当指出的是，各个民族的进步，在任何时候都离不开其他民族的支持和帮

第十章 民族与宗教礼仪

助。但是各民族之间的支持和帮助,从来都是相互的,而并非单向性行为。各民族之间的支持和帮助应当以民族团结的大局为重,并且体现在民族关系的各个方面。经济文化发展较快的民族,应当支持、帮助经济文化发展较慢的民族。经济文化发展较慢的民族,既要接受经济文化发展较快的民族的支持和帮助,又不能过度依赖对方的支持和帮助,或者要价过高。

(五)尊重民族习俗

我国宪法规定:国内各个民族"都有保持或者改革自己的风俗习惯的自由。"此项规定,对于公务员在民族工作中坚持民族礼仪,正确对待民族习俗,是至关重要的指导性原则。

在民族工作中,尊重各个民族所独具的风俗习惯,不但有助于确保民族平等,而且有助于加强民族团结。在实践中,公务员必须采取一切必要的措施,以保障我国各民族都有保持或改革自己风俗习惯的自由。与此同时,还必须身体力行,并且教育各民族人民相互尊对方的重民族习俗。

◆ **端正尊重民俗的态度**

> **什么是民族习俗**
>
> 所谓民族习俗,是对各民族所独具的风俗习惯的简称。它形成于各民族长期的历史发展过程之中,反映着各民族独特的文化背景,具体表现为各个民族在饮食、服装、居住、婚丧、节庆、娱乐、交际、生产等方面所具有的独特爱好和禁忌。

每一个民族,都对本民族的习俗十分重视。离开了民族习俗,往往就会使一个民族难以立足。因此,对一个民族的尊重,首先应当表现为对其民族习俗的尊重。而对一个民族的民族习俗不尊重,通常就意味着不尊重该民族。

在民族工作中，公务员要真正做到尊重民族习俗，首先就必须端正自己在这一问题上的态度。

◆ 高度重视

在民族工作中，公务员不论在任何时候，都要心中想到民族习俗，处处注意民族习俗，优先考虑民族习俗。特别重要的是，在任何情况下，都不允许以任何借口，去忽略民族习俗的存在，尤其是不允许公然否定民族习俗，或者公开表示不尊重民族习俗。

◆ 明辨是非

公务员在民族工作中对各民族所独具的民俗所表示的应有的尊重，还必须建立在明辨是非曲直的基础上。此点具体而言有双重含义：一方面，它要求对于各民族的传统习俗，尤其是有利于民族团结、民族进步，有利于生产、生活和社会秩序，有利于祖国统一、社会主义现代化建设的优秀习俗，要继承、支持，并且发扬光大；反之，要予以改革或摒弃。不过，对不良民族习俗的改革与摒弃，不能搞包办代替、行政命令、强迫压制，而是要通过宣传教育，依靠各民族人民自己自觉自愿地移风易俗，推陈出新。

二、宗　教

宗教礼仪，是宗教信仰者为了表达对崇拜对象的尊敬和崇拜，所举行的各种例行的活动和仪式，以及一些与宗教相关的特定讲究与禁忌。宗教礼仪不仅是宗教之间相互区别的显著标志，而且也是宗教用以扩大宗教组织、培养宗教信仰、增强宗教感情的重要手段。所以国家公务员对待宗教工作，务必要认真谨慎，掌握原则，注意方法，严格遵守其中的礼仪规范。

第十章 民族与宗教礼仪

（一）宗教与宗教礼仪

宗教是人类社会发展到一定阶段时所出现的一种社会的、历史的现象。我国宪法明确规定："中华人民共和国公民有宗教信仰的自由"，"国家保护正常的宗教活动。"

◆ **宗教信仰**

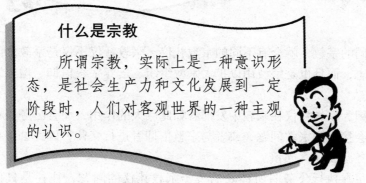

什么是宗教

所谓宗教，实际上是一种意识形态，是社会生产力和文化发展到一定阶段时，人们对客观世界的一种主观的认识。

宗教的发展与社会的文明程度、与社会的科学发展程度密切相关，也和人们对客观世界认识的程度有直接关系。

在我国，每个公民都有宗教信仰的自由，这是宪法赋予公民的权利。所谓宗教信仰自由，是指我国每一位公民，既有信仰宗教的自由，又有不信仰宗教的自由；既有信仰这种宗教的自由，又有信仰那种宗教的自由；对于某一宗教，既有信仰其中这一教派的自由，又有信仰其中另一教派的自由；既有过去不信仰宗教、而现在信仰宗教的自由，又有过去信仰宗教、而现在不信仰宗教的自由。公务员在对待宗教问题时，一定要坚持信仰自由的原则。

政务礼仪 zhengwuliyi

◆ 宗教礼仪

什么是宗教礼仪

所谓宗教礼仪，简单地说，是宗教信仰者为了表达对崇拜对象的尊敬和崇拜，所举行的各种例行的活动和仪式，以及一些与宗教相关的特定讲究与禁忌。

有不同的宗教，就会有不同的宗教礼仪。宗教礼仪不仅是宗教之间相互区别的显著标志，而且也是宗教用以扩大宗教组织、培养宗教信仰、增强宗教感情的重要手段。

正是因为宗教礼仪在宗教中发挥着如此巨大的作用，而且公务员在执行公务中又经常会接触到宗教问题，或者与宗教信仰者进行交往，因此公务员在对待宗教礼仪时务必要认真谨慎。

公务员在执行公务时所涉及的关于宗教礼仪的问题，往往是具体的、微观的。正确对待和处理这些问题，需要在宏观上有一个整体的把握和认识。首先在思想上端正认识，是正确对待宗教礼仪的一项必要步骤。

（二）尊重宗教礼俗

当今世界，约具人口达60亿许，而其中宗教信仰者就占了1/2以上。我国目前宗教的信仰者占全国总人口的1/10左右。仅这一点，足以提醒我国公务员，务必要尊重宗教礼仪。

在世界各国，宗教文化与世俗文化往往是相互影响、相互作用的。有学者甚至认为：习俗本身，就是退化了的宗教。而宗教又是固定化的习俗。由此可见，宗教对于各国习俗都有深刻的影响。比方说，在东南亚等国中，男子有出家的习俗，这就与佛教礼仪有着密不可分的因原。

不仅如此，宗教礼仪对于人们的思想、文化、道德乃至日常生活，都有所渗

第十章 民族与宗教礼仪

透,有所作用。例如,有些国家,有些民族,整个国家或整个民族信仰某种宗教,甚至还会确定某种宗教为本国国教。这样一来,包括宗教礼仪在内的一切宗教教义,就成了该国家、该民族的行动准则,这时宗教的意识就直接影响着该国的国家意识或该民族的民族意识。

宗教礼仪是宗教的主干,也是宗教精神的体现。通过对它的遵守,可以体现出信仰者信仰宗教的虔诚,因此宗教的信仰者对于本宗教的宗教礼仪都是严格恪守的。公务员对其表示尊重,不仅能够真正地体现我国宗教信仰自由的政策,而且能够更好地表示对宗教信仰者的友好与敬重。

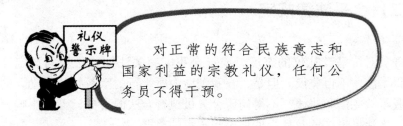

对正常的符合民族意志和国家利益的宗教礼仪,任何公务员不得干预。

尊重宗教礼俗,在现实生活中是一件极为重要的事情,公务员必须谨慎对待。尤其要避免以下情况发生:

尊重宗教礼俗
△ 避免发生违法行为
△ 避免引发民族矛盾和国际冲突

◆ 避免发生违法行为

作为公务员,在执行公务时,被视为国家与政府机构的代表,而宗教信仰自由是我国的一项基本国策。因此不管是宗教信仰者,还是非宗教信仰者,公务员在对待正当的宗教礼仪活动、尤其是已经潜移默化为民俗性或群众性宗教礼仪活动时,不能运用行政手段加以制止或干预。否则,就是一种违法行为。

政务礼仪 zhengwuliyi

◆ 避免引发民族矛盾和国际冲突

目前,许多宗教已发展成为区域性、民族性的宗教,其中有的已成为一些国家法定的国教。在这些地方,宗教不仅已成为当地风土人情的一大内容,而且还关系到民族的感情。历史上出于宗教原因而爆发的宗教战争屡见不鲜。因此,公务员应严格注意自己对宗教礼仪的态度,不得随便干涉,以免引起不必要的宗教纠纷。

(三)合乎法律规定

公务员对待宗教礼仪的态度,要符合我国有关法律、法规的规定,予以尊重,不得干涉,不得非议。但是,在我国境内所举行的宗教礼仪活动,同样也应当遵守我国的宪法和法律,不得妨碍公务员执行合法的公务,不得影响人民群众的工作、生活,不得危及社会的稳定与国家的尊严。

◆ 宗教信仰活动要依法行事

我国宪法规定:"任何国家机关、社会团体和个人不得强制公民信仰宗教或者不信仰宗教,不得歧视信仰宗教的公民和不信仰宗教的公民。"同时还规定:"宗教团体和宗教事务不受外国势力的支配","任何人不得利用宗教进行破坏社会秩序、损害公民身体健康、妨碍国家教育制度的活动。"这是公务员判定宗教礼仪活动合法与否的重要依据。在我国,举行任何形式的非法的宗教礼仪活动,都是不允许的。

第十章 民族与宗教礼仪

我国目前规定：按照宗教习惯，在宗教场所以及教徒家中进行一切正当的宗教活动，均应由宗教组织或教徒自理，他人不得进行任何形式的干预。但是在宗教场所之外，也不允许任何宗教组织或信徒进行传教、布道活动。

在对外交往中，我国宗教界的方针是独立自主，自办教会，不许外来势力进行干涉。尤其是不许任何国外的宗教组织及其控制的机构，以任何方式在我国传教或进行宗教宣传。

公务员在国外进行国际交往时，未经上级机关批准，或非经东道主安排或邀请，一般不应主动要求参加当地的宗教礼仪活动。即使参加国外的宗教礼仪活动，亦应事先对其概况和性质有所了解，并应以不触犯当地法律，不干涉所在国的内政，不介入当地的宗教纠纷，不损害我国的国家尊严，不危害我国的国家利益，作为先决条件。

礼仪专家提醒您

我国宗教政策强调独立自主，自办教会。在任何情况下不允许外国宗教势力及其机构在我国随意传播宗教，或者进行宗教活动，这是事关我国国家主权和国家尊严的问题。

政务礼仪 zhengwuliyi

◆ **宗教活动场所要合法**

宗教活动要按法律规定限制其活动范围。合法的宗教信仰者可以在合法的宗教场所或信徒的家中进行宗教活动，但是不能够在公共场所进行传教和宗教活动，不能以宗教为名，干涉、影响其他公民正常的生产、工作、休息和学习的权利。

◆ **宗教活动的内容要合法**

在任何情况下，宗教信仰自由不能成为分裂我国国家领土、制造民族歧视、破坏民族团结、影响我国国家安全的借口，对非法的宗教势力，对极端的宗教势力，特别是对打着宗教旗号的邪教组织，坚决取缔、坚决打击。这是我们国家旗帜鲜明一贯所坚持的立场、方针和政策。公务员在面对宗教问题时一定要明确态度，注意自己的身份。有些公务员的工作职责就是处理宗教问题，我国专门设有处理宗教事务的机构——宗教事务管理局。还有的其他一些相关的机构：民族事务委员会，也会涉及宗教问题。

◆ **尊重及友善对待信教者**

公务员尊重宗教礼仪，首先要明确自己对待宗教问题的态度。对待有宗教信仰者要尊重、要友善；对待无宗教信仰者也要尊重和友善，不能够歧视宗教信仰者，也同样不能够歧视无宗教信仰者，对待二者的态度是平等相待，这也是我们国家的宗教信仰自由政策的具体贯彻和执行的要求。

后 记

从 20 世纪 80 年代末开始，我即开始致力于现代应用礼仪的研究与教学工作。在此过程中，我一直在思考着这样一个问题：怎样才能更好地令我的研究成果获得社会实践的检验，怎样才能更好地学以致用、服务于国家与社会？

2002 年盛夏，我的朋友、北京东方燕园企业管理研究中心主任于宏钧先生邀我制作名为《现代礼仪》的电视教学系列片，并拟在国内各电视台进行播放。开始之际，我犹豫再三：一则我不愿在荧屏上抛头露面，二则我担心自己的研究成果未必会获得广大观众的认可。但是，当时有包括于宏钧先生在内的多位同行、朋友劝我道："这不正是你走向社会、面对实践检验的一个机会吗？"于是，我认认真真地做了这项工作。

自 2002 年末开始，《现代礼仪》电视教学系列片相继在中国教育电视台以及数十家省市电视台播放，并获得了广大电视观众的肯定。自此开始，又有不少电视观众不断提出进一步的要求：为何不出版一套适用于进行现代礼仪普及的配套的礼仪著作呢？

一开始，我依旧是再三回避。因为 20 世纪 90 年代末，我已在中国人民大学出版过一套名为《现代礼仪应用教程》的礼仪教材，自觉进行重复大可不必。可是，又有北京大学出版社的编辑与一些同行建议，何不另出一套不同于教材的礼仪普及本？它既可满足社会的需求，又可促进现代礼仪的普及与推广。结果，便有了现在呈现于各位读者面前的这套《现代礼仪》新作。

与以前所编著的礼仪教材有所不同的是：此套《现代礼仪》丛书目标定位于普及礼仪，对象面向于我国社会的广大普通群众，强调学以致用，突出规范性与可操作性，力求通俗易懂。

本套丛书分为《政务礼仪》、《商务礼仪》、《服务礼仪》、《公关礼仪》、《社交礼仪》、《国际礼仪》等六个分册。它们既分别与《现代礼仪》电视教学系列片的主要内容相对应，又各自自成一体，适用于不同的领域、不同层次的读者。

由于本丛书写作仓促，加之采用了不同于以往的写作方法，因此难免多有失误与不当之处，欢迎广大读者与同行不吝赐教。

最后，感谢北京大学出版社领导与责任编辑为本丛书的出版所作的工作，感谢广大电视观众与广大读者对我的热情支持。

金正昆

2005 年 5 月 3 日于北京寓所